中南财经政法大学经贸系列文库

U0723336

中国城市规模与
城市生产效率研究

ZHONGGUO CHENGSHI GUIMO YU
CHENGSHI SHENGCHAN XIAOLV YANJIU

赵 曜／著

中国财经出版传媒集团
经济科学出版社
Economic Science Press

图书在版编目（CIP）数据

中国城市规模与城市生产效率研究/赵曜著. —北京：
经济科学出版社，2016.11
（中南财经政法大学经贸系列文库）
ISBN 978 – 7 – 5141 – 7505 – 9

Ⅰ.①中… Ⅱ.①赵… Ⅲ.①城市经济 – 生产效率 –
研究 – 中国 Ⅳ.①F299.21

中国版本图书馆 CIP 数据核字（2016）第 292379 号

责任编辑：王柳松
责任校对：王苗苗
版式设计：齐 杰
责任印制：邱 天

中国城市规模与城市生产效率研究
赵 曜 著
经济科学出版社出版、发行 新华书店经销
社址：北京市海淀区阜成路甲 28 号 邮编：100142
总编部电话：010 – 88191217 发行部电话：010 – 88191522
网址：www. esp. com. cn
电子邮件：esp@ esp. com. cn
天猫网店：经济科学出版社旗舰店
网址：http：//jjkxcbs. tmall. com
北京万友印刷有限公司印装
880 × 1230 32 开 6.25 印张 170000 字
2016 年 11 月第 1 版 2016 年 11 月第 1 次印刷
印数：0001—1200 册
ISBN 978 – 7 – 5141 – 7505 – 9 定价：32.00 元
（图书出现印装问题，本社负责调换。电话：010 – 88191510）
（版权所有 侵权必究 举报电话：010 – 88191586
电子邮箱：dbts@ esp. com. cn）

改革开放30余年的实践经验表明，城市化是中国经济发展的必然结果和重要引擎。2011年末，中国城镇人口比重首次超过50%，城市发展进入新阶段。然而，中国当前的城市化水平仍明显落后于本国的工业化进程，并且城市化主要表现为建制城镇数量的迅速增加，而许多城市集聚规模过小，未能实现经济效益。未来5~6年内，中国预期将实现1亿左右农业人口和其他常住人口在城镇落户。在这一背景下，深入研究和探讨如何有序推动人口、资本、产业以及产业内异质性厂商的集聚，使不同类型、不同结构的城市获得最优规模和最佳效率，具有重要的理论意义和现实意义。

在总结国内外代表性成果的基础上，本书首先构建了一个生产性服务业—制造业关联的城市集聚模型，分析产业结构和城市规模对中国城市经济效益的协同影响机制，估计与产业结构相适应的最优城市规模以及在城市规模约束下产业结构转变的边际效益。使用地级及以上城市面板数据的计量估计显示，生产性服务业—制造业结构对生产率的影响取决于城市规模，城市需要达到一定的门槛规模方能从上下游产业关联中获得效益。随着城市规模的增长，地级城市经济效益发生先增长、后下降的倒"U"型变化，而城市规模增长的边际收益则随产业结构向服务业转变而增加。中国大部分地级市的实际规模仍小于最优规模，因此，在经济发达的大城市向服务型经济转型的同时，中小规模的地级市应该推动当地制造业的发展和人口集聚。估计结果还表明，县级城市因为工业发展普遍比较落后，没有表现出显著的结构—规模效应。

城市的集聚规模与集聚密度在概念和测度上是两个相互关联却有差别的因素，本书通过构建一个包含城市规模和城市密度的集聚模型，证明城市人口和空间规模与城市集聚密度对城市生产率的作用并非同步变化。城市具有倒"U"型的效率—规模曲线和先正"U"型变化再倒"U"型变化的效率—密度曲线，同时两个变量之间存在正向的交互作用。对中国地级及以上城市面板数据的实际估计显示，当前中国所有地级城市的实际密度均远高于预期的效率—密度曲线的正"U"型阶段门槛密度，因此集聚密度对生产率的影响表现为倒"U"型关系，倒"U"型的顶点密度随城市规模增加而上升。由于集聚规模和集聚密度的最优值不同步，因此，在推动人口和产业集聚过程中，需要分类调整人口和产业在城市内部的布局。

不同规模—等级城市间的资本积累存在巨大差异，本书通过新经济地理学模式的资本流动模型分析城市规模对资本积累的影响机制，并利用中国县级及以上城市面板数据进行实证检验。结果表明，集聚效应导致大城市以更高的效率吸收资本，城市规模增长促进了资本深化；控制其他因素不变，人口规模增加1%推动城市人均资本存量平均增加0.22%，而省会级及以上城市的管理职能放大了城市规模的作用。使用分位数回归模型的进一步估计显示，城市规模对人均资本条件分布中间部分的影响最强。因此，经济欠发达地区需要推进人口集聚以促进产业集聚和资本积累，扭转新增资本从小城市向大城市"回流"的局面。

城市生产效率源于城市中厂商的生产效率，厂商的集聚经济一直被认为是大城市具有高生产率的主要原因。本书通过一个改进的新新经济地理异质厂商模型考察厂商筛选效应和内生集聚，探讨城市效率差异的真实来源。理论分析表明，高效厂商能够制定较低的价格、占有较大的市场，因此倾向进入大城市，而低效厂商倾向选择较小的城市；城市越大，对厂商的门槛效率要求越高，城市生产率是厂商筛选和集聚经济的共同结果。本书设计了一个两阶段计量策略，利用中国工业企业微观数据估计显示厂商门槛效率随城市规模增长而增长，筛选效应至少相当于集聚经济的 $1/5 \sim 2/5$，但集聚经济和筛选效应对不同行业的厂商影响迥异。分析还表明，降低区间交易成本有助于城市间门槛效率的趋同，市场一体化将提升中小城市生产率、缩小城市间差距。

除市场规模外，异质厂商与城市中间产品部门之间的关联同样影响其预期收益。本书通过将新经济地理的中间产品模型引入新新经济地理的异质厂商集聚理论，发现城市规模所包含的下游市场需求和上游中间产品供给对制造业企业的门槛效率存在内生筛选作用，同时，城市可容纳的中间产品部门与制造业之间会形成中间产品本地市场效应。使用中国 653 个县级及以上城市 118988 家工业企业微观数据样本的分位数回归结果显示，城市规模对异质厂商低分位数效率水平的筛选效应至少相当于集聚外部性的 80%，而城市中间产品效应可能减轻大城市对本地厂商的筛选。估计结果还表明样本中的国有企业即使效率更低也不易因城市门槛效率的限制而被淘汰。

根据本书的研究成果，城市规模增长意味着城市在包容性和竞争性两个方面同时变化。差异化的厂商和产业既可能获得上游部门和下游市场的支持，也可能面临更多进入者的挑战。城市宏观经济政策的制定者需要综合考虑这两方面的因素，根据各个城市的实际规模、职能定位和承载能力，选择适宜的发展路径。

赵曜

2016 年 10 月

目　录

绪　　论

1.1　研究背景及意义

城市化和城市规模对生产效率的积极作用，已为发达国家的大量实例所证实。占美国国土面积3%的城市地区集中了超过2.43亿人口，并且贡献了美国经济总量的绝大部分（Glaeser，2011），其中，纽约都市区2010年的GDP就高达1.28万亿美元；而拥有超过3600万人口的东京都市圈2010年按国际汇率计价的实际地区生产总值达到1.9万亿美元。随着城市规模由小增大，城市将为更大规模的产业集聚提供劳动力和其他资源，也能够为居民提供更全面的公共服务和多样化的商品，同时有利于知识和技术的创造、交流和积累。

改革开放前很长一段时期，中国实行了"严格限制大城市、适当发展中等城市、优先发展小城市"的城市发展方针，至1978年末，城镇人口比例仅为总人口的17.92%。1989年制定的《中华人民共和国城市规划法》中，市区和近郊区非农业人口 50 万人以上的城市仍被定义为大城市。尽管城市过度扩张可能导致"城市病"，但是城市规模太小则难以产生集聚经济效益。实践证明，以往长期推行的城市发展方针既不符合经济学原理，也不符合中国人口和经济发展的实际需要。在"十二五"规划和"十三五"规划中，中国政府逐步强调遵循城市发展的客观规律，促进大中小城市协调发展，推动形成和完善城市群和城市体系。2014 年 11 月，国务院印发《关于调整城市规模划分标准的通知》，大城市的门槛人口被提升到 100 万人。图 1 - 1 描绘了 1978 ~ 2014 年中国城乡人口构成的变化。

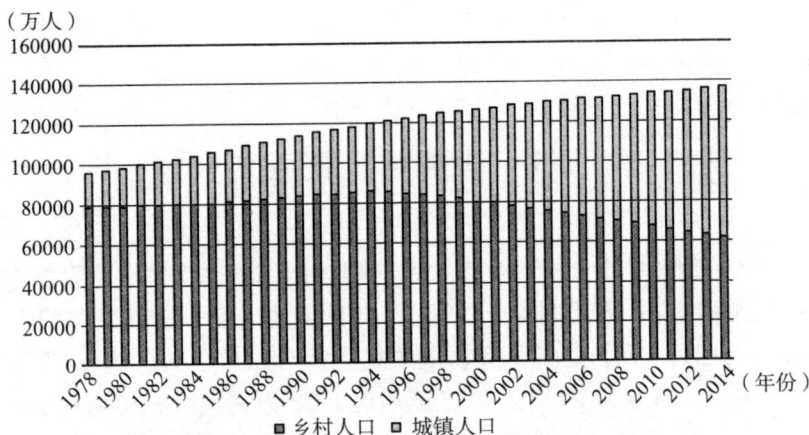

（万人）

图 1 - 1　1978 ~ 2014 年中国城乡人口变化

数据来源：《中国统计年鉴》2015，中国统计出版社 2015。

图 1 - 1 显示，中国自 1996 年以后开始表现出显著的农村人口城市化趋势，其中，在 2011 年城镇人口达到 69079 万人，占总人口比重首次超过 50%，成为城市发展进程的重要节点。1978 ~ 2014 年的 37 年间，城镇常住人口年均提高约 1 个百分点，城市化的规模和速度前所未有。至 2015 年末，城镇常住人口 77116 万人，常

住人口城市化率为 56.10%。然而，与发达国家相比，中国的城市化无论在数量上还是质量上都存在一系列重要的问题。在城市化的总体规模上，与许多发达国家约 80% 甚至更高的城市化率相比，中国的城市化水平仍明显滞后。中国当前的城市化率仅与世界平均水平相当，明显落后于本国的工业化水平。在城市化质量上，中国的城市化主要表现为建制城镇的数量迅速增加。改革开放以来，县级及以上城市数量从 193 个增加到 658 个，建制镇数量从 2173 个增加到 20113 个，[①] 但许多城市的集聚规模过小，未能实现经济效益。一些学者的估计表明，中国的地级城市中有超过一半都没有达到有效规模，造成平均约 30% 的劳动生产率损失（Au，Henderson，2006a）。城市建制扩张而人口和产业集聚程度偏低也严重影响了土地的集约利用，加剧了中国土地资源紧张的局面。与此同时，中国特有的户籍制度导致了城市内部户籍人口和非户籍人口的差距，使城市内存在显著的"社会分割"（陆铭等，2011）。

在较长一段时期内，城市化仍将是中国经济发展的必然结果和重要引擎。对转型阶段的中国经济而言，在解决要素长期供给的前提下，城市规模发展是经济增长由投资和出口拉动向消费、投资、出口三驾马车齐头并进的重要保障。若保持当前的城市化速度，在未来二三十年中，每年将有 1000 多万人口转移到城市，如果这一部分人口在城市地区获得更高的收入，就能够持续释放巨大的内需，成为中国经济增长的动力。《国家新型城镇化规划（2014~2020年）》提出，到 2020 年，中国常住人口城镇化率要达到 60%，这意味着，需要实现 1 亿左右农业转移人口以及其他常住人口在城镇落户，同时，也需要强化城市产业和就业的支撑。

在城市发展不均衡的背景下，如何有序地推动人口集聚和城市规模增长，使不同类型、不同结构的城市获得最佳规模？不同规模

---

① 数据来源：《国家新型城镇化规划（2014~2020年）》。

的城市内部是否具有不同的最优集聚密度？在人口集聚的同时，资本又将如何在不同规模—等级的城市之间流动？各产业异质性厂商在不同规模城市间的分布遵循何种规律，是否导致城市生产效率的内生差异？系统地分析和解答上述问题，对于我们积极稳妥地推进城市化进程、促进区域经济协调发展具有重要的理论意义和现实意义。

其一，农业人口城市化伴随着地区产业结构调整转型的过程，城市的集聚规模需要与其产业配置相互适应。在一个城市体系中，不同规模的城市具有不同的职能定位，其产业结构也发挥着不同的经济效应。以往对城市效率的理论和实证研究往往将二者割裂，脱离城市产业结构研究城市的规模经济效应或者脱离城市的规模讨论产业结构转型必然忽略某些重要的经济规律，不利于解决经济结构调整和城市化面临的突出问题。考察城市最佳规模随城市产业配置的动态变化规律，并进一步探究各类城市实现集聚效益的适宜密度，能够为分类制订城市发展政策提供有效的依据。

其二，根据新古典增长理论，区域间经济差距的重要来源之一是各地资本积累的差异。然而，在城市集聚经济机制的作用下，资本在城市间的流动和积累具有不同于新古典模式的内生规律。除产业配置以外，城市规模还会通过资本配置这一渠道影响城市生产率。通过考察城市规模对城市资本积累的影响，能够从城市层面揭示新古典宏观增长差异的微观来源，也有助于我们进一步理解如何通过城市规模发展来推动中国区域经济协调发展。

其三，城市生产率最终归因于城市中厂商的生产效率。现实中，同一产业的不同厂商具有内在的效率差异，异质性厂商与不同规模的城市之间存在着相互的"选择效应"，这种效应导致的不同规模城市效率差异，反映的是内在效率不同的厂商在不同城市间的分布差异而非城市集聚经济差异。现有研究很可能在理论和概念上夸张了集聚经济的作用，而这种偏误必然会影响到相关政策的针对性和效力。在研究不同规模城市产业配置和资本配置的基础上，进一步考察不同规模城市中厂商效率分布的差异、检验市场筛选和厂商自我选择效应导致的内生集聚模式，对准确识别城市效率差异的来源和定量估计集聚效益具有重要意义，这些正是制定合理的城市发展政策的基础。

1.2　研究目标和研究方法

本书研究的主要目标在于，考察城市规模对城市生产效率和城市中厂商生产效率分布的影响。本书从理论上深入讨论城市规模与城市产业结构对城市生产率的协同影响机制、城市规模和城市集聚效应对资本空间配置的作用机制，以及城市厂商效率分布差异的来源，在实证上设计创新性的计量分析过程，利用中国城市数据和工业企业数据对理论预期进行严格的检验。理论和实证研究结果，将为评价和制定中国的城市发展政策提供有价值的参考依据。

本书的研究，先建立在新经济地理对产业集聚的理论分析基础上，随后吸取新新经济地理的最新成果对厂商集聚进行理论分析。新经济地理是由克鲁格曼和藤田昌久等在 20 世纪 90 年代构建的一套分析城市集聚机制的主流工具，新经济地理模型假设产品之间具有不变替代弹性，并且垄断竞争的厂商具有一致的、规模报酬递增的生产函数，集聚表现为产业层面厂商数量规模的差异，并且通过与市场和劳动力的关联形成自我强化机制。而新新经济地理是近年来逐步发展起来的新理论，新新经济地理模型取消了新经济地理理论中产品不变替代弹性和厂商同质性的假设，更加合理地认为边际成本不同的厂商在同一市场中会制订不同的价格并且获得差异化的收益，为深入研究城市厂商效率的微观机制提供了分析框架。根据实证分析需要，本书不仅使用 OLS、面板数据回归、分位数回归、非参数估计等模型，并创建了一个两阶段计量估计方法，分别提取固定效应和检验厂商内在效率分布规律。

1.3 研究思路与内容框架

本书根据研究目标，先从城市宏观层面对城市规模以及城市产业配置对各城市总体生产效率的影响进行一般性的分析，然后，从资本流动、厂商与市场之间的相互选择、厂商与中间产品之间的供给和需求作用等微观视角逐步探讨这种城市宏观效率差异的来源。首先，根据新经济地理的中间产品模型构建一个生产服务业—制造业关联的城市集聚模型，考察城市服务业—制造业结构与城市规模经济对城市生产率的协同作用，并且进一步区分城市集聚规模和集聚密度在影响上的关联性和差异性。其次，根据新经济地理学的自由资本模型考察城市本地市场效应对资本流动的影响，分析不同规模城市资本积累的差异及其来源。再次，通过一个改进的新新经济地理内生集聚模型，考察城市规模对厂商效率的筛选以及不同效率厂商对不同规模城市的自发选择，探索不同规模城市要素生产率差异的微观来源及其政策含义。最后，将新经济地理学的中间产品模型纳入新新经济地理的异质厂商模型，考察存在第一部分所讨论的产业关联条件下，城市异质厂商效率分布的变化。上述各个核心部分形成一个逻辑一致并且模型和方法逐步递进的整体，总体结构如图1-2所示。

按照上述研究思路，本书的主要内容由以下8章构成：

第1章：绪论。简要介绍本书的研究背景及意义、研究目标和方法、研究思路和主要内容，以及主要的创新点。

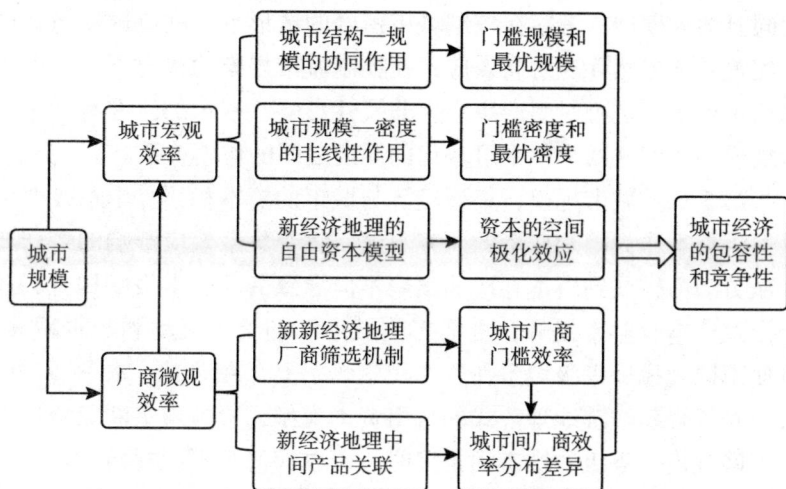

图 1-2　本书研究框架

第 2 章：城市规模影响城市生产率的理论和实证研究综述。该章总结和归纳国内外讨论城市规模与城市生产效率作用机制和实证结果的代表性文献，为本书的后续研究提供基础。

第 3 章：城市规模、产业结构与城市生产率的探索性分析。本章分析产业结构和城市规模对经济效益的协同影响机制，估计与产业结构相适应的最优城市规模以及在城市规模约束下产业结构转变的边际效益。不同部门的厂商在某一城市的集聚源于前后向关联效应，在垄断竞争条件下，规模收益递增的生产性服务业和制造业之间的区位选择具有内生性，产业间的需求和成本联系使得上下游产业聚集在同一地区。这种制造业—服务业之间的关联效应，导致了中间产品的本地市场效应：当制造业需求增长时，城市的生产性服务业规模将以更高比率增加，从而使得城市可测度的制造业—服务业部门结构发生内生改变，进而影响城市的生产效率。

第 4 章：城市规模、城市密度对生产率影响的关联性和差异性。本章将城市集聚规模和集聚密度这两个相互关联却有差别的因素同时纳入模型，考察在控制城市密度的情形下，城市规模与其产业配置是否仍然存在协同效应；在控制城市规模的情况下，城市内部的集聚密度是否对生产率产生非线性影响。本章的研究有助于厘清规模和密度这两个似乎可替代的测度之间的作用关系。

第 5 章：城市规模、集聚经济与城市的资本积累。本章改变了以往将资本作为控制变量的研究方法，将受集聚效应影响的生产要素从劳动力扩展到资本，产业集聚不但导致劳动要素报酬提升，还会导致资本收益率提升，进而影响城市间的资本流动和资本积累，致使不同规模—等级城市在资本积累效率上存在差异。本章通过引入一个符合新经济地理范式的自由资本模型，检验当垄断竞争厂商在不同规模—等级的城市间集聚时，资本如何在不同规模的城市间发生"极化效应"。

第 6 章：城市规模、厂商筛选效应与城市生产率差异的来源。本章突破了新经济地理模型的框架，引入并改进了关于异质厂商的新新经济地理模型。理论模型预期城市间要素生产率的差异既来自集聚经济，同时也反映了城市市场规模与异质厂商之间的双向筛选效应。集聚经济外部性与异质厂商内生选择两种效应的叠加，导致了大城市工业企业较高的生产率。以往关于集聚经济的研究在控制了要素投入后，普遍将大城市的高生产率单纯归因于集聚外部性，实则高估了集聚经济。我们将通过中国工业企业数据检验这一结果。

第 7 章：城市规模、中间产品与城市异质厂商的生产率分布。具有差异化内在效率的厂商，必然对中间产品存在不同的需求模式。第 3 章基于新经济地理的产业关联效应，实际上考察的是一个城市的平均产业关联，而城市中可获得的上游中间产品数量和价格对于异质性企业的区位选择存在差异化的影响。本章通过构建一个包含中间产品的异质厂商集聚模型，考察城市规模所包含的下游市场需求和上游中间产品供给对制造业企业门槛效率的内生筛选机制，并通过厂商微观数据检验城市规模和中间产品对异质厂商内生集聚模式的作用。

第 8 章：结论。总结本书理论和实证研究结果及其政策含义，并展望未来的研究。

1.4　主要创新点

本书的研究，主要有以下五个方面的创新：

第一，已有研究普遍将城市规模和产业结构作为两个独立因素，未能揭示二者的协同作用机制。本书将产业结构与城市规模的作用纳入一个统一的框架之中，构建一个生产性服务业—制造业关联的城市集聚模型，研究城市规模和产业结构如何协同作用，共同影响城市产出效率，并分析城市最优规模的动态变化。

第二，已有研究在考察城市经济效率时，主要基于劳动生产率、全要素生产率或城市平均工资率。由于新经济地理模型本身更多关注厂商和劳动力的区域间流动，因此，资本往往只作为控制变量出现。但是，针对中国的现实而言，资本的流动性比劳动力更强，将资本作为控制变量来考察生产率，不足以反映经济效率的全部内涵。本书通过自由资本模型检验城市规模对城市的资本积累产生何种影响，并据此讨论资本的空间极化机制。

第三，新古典模型和新经济地理模型均假设各城市厂商效率具有内在同质性，未考虑异质厂商的内生集聚机制。本书通过引入"新新经济地理"分析框架，考察不同规模城市间厂商效率分布的差异。现有基于新新经济地理的实证模型，仅考虑了异质厂商效率分布的单侧变化，忽略了厂商的区位再选择过程，假设厂商一旦进入某一市场后，由于自身效率和市场竞争程度的差异，不是生产就是倒闭，大城市的激烈竞争淘汰了低效厂商，但高效厂商却不会对差异化的市场作出重新选址的反应。与此不同，本书引入了更合乎厂商实际行为的假设，低效厂商可能在竞争激烈的大城市难以生存而迁往小市场，而高效厂商从小城市迁往更大的市场，从而在理论上得到不同于已有文献的大小城市厂商效率分布曲线。

第四，已有代表性实证研究通过将城市按照大小两类分组来考察城市间厂商效率分布曲线的差异。对城市规模分组带有一些任意性且丢弃了连续变化数据中的大量信息，因此，本书设计了一个两阶段的计量分析来检验城市规模连续变化对效率分布的影响，即各城市同分位点的厂商固定效率随城市规模扩大而变化的规律。

第五，已有的异质厂商集聚模型，普遍强调下游市场规模对制造业厂商效率的选择机制，但并未考虑城市中可获得的上游中间产品对个体厂商预期收益的影响，导致异质厂商模型在考察厂商区位选择时存在片面性。本书将新经济地理的中间产品本地市场效应引入企业异质性理论，考察城市规模增长导致的需求和供给两个方面变化对厂商效率分布的影响。

城市规模影响城市生产率的
理论和实证研究综述

　　经济发展与空间因素密不可分，一切形式的生产和消费活动都在一定的空间范围内进行。不同的地区，在发展进程中并非具备同等的机会和条件。原材料、生产要素（劳动力和资本）以及产品需求的非均衡分布，导致厂商在选择要素和技术的同时选择区位。因此，在生产要素和技术以外，区位因素同样影响着厂商的生产能力和市场竞争力，进而在总体上决定厂商所在地区的生产效率。城市是经济活动空间集聚的基本单位，区域和城市经济学研究一直致力于探讨城市的集聚规模如何影响城市的生产效率，对城市规模的作用进行理论机制分析和定量估计。城市经济模型对集聚经济的描述和分析，至少包含以下三个方面：第一，探寻和解释导致经济活动在一定地理范围内集中的决定因素；第二，测度和检验城市集聚规模或集聚密度变化，对城市经济效率的实际影响；第三，讨论各类城市的发展，是否存在均衡规模。本章前 3 节将就城市集聚的来源和决定因素、城市集聚对经济效率的影响、城市一般均衡模型这三个方面的代表性研究进行梳理和总结，第 4 节讨论国内外学者对中国城市的相关研究。

2.1　城市集聚的来源和决定因素

2.1.1　地方化经济：马歇尔外部性理论及其发展

城市的经济效率，源于经济活动在城市地区集中所产生的集聚收益和规模报酬递增。马歇尔（Marshall，1890）最早对这种集聚收益的来源进行了探讨，并将其总结为新古典框架下的三大外部效应：共享中间产品（input sharing）、劳动力蓄水池（labor pooling）和地方化的技术外溢（knowledge spillover）。马歇尔外部性导致某一产业内的企业向同一地区集中，亦即这些企业被"地方化"到某一特定的产业中，因而被称为"地方化经济（localization economies）"。杜兰顿和普加（Duranton，Puga，2004）则在总结前人研究基础上，将城市集聚经济的三个微观机制整理为三组理论模型——共享（sharing）、匹配（matching）和学习（learning）。

（1）共享中间产品。

在集聚效应中，共享中间产品意味着同一产业的许多企业在城市集聚使得为这些企业提供某一类专业要素投入成为可能，并且较之分散提供更有效率。拉赫曼和藤田（Rahman，Fujita，1990）通过引入一个差异化中间产品模型对这种共享模式进行正规刻画，以简化形式表述，假设厂商规模相同，某一专业化于产业 i 的城市的总产出可以表示为：

$$Y_i = \left[n_i (x_i)^{1/(1+\varepsilon_i)} \right]^{1+\varepsilon_i} = (L_i)^{1+\varepsilon_i} \qquad (2-1)$$

其中，x_i 表示产业 i 所共享的差异化中间产品，这些中间产品具有

不变替代弹性 $(1+\varepsilon_i)/\varepsilon_i$，$\varepsilon_i > 0$。显而易见，中间产品的种类 n 越丰富，产业 i 的产出规模越大。中间产品的影响，可以进一步反映在城市规模 L 中，根据模型，城市规模越大，城市生产部门的产出率越高，并且集聚的边际效益随中间品差异化程度 ε 的增加而增加。上述基本模型忽略了制成品的区间交易成本，拉赫曼（Rahman, 1996）考察了存在空间运输成本的情形下，城市在专业生产某一部门产品以获得地方化经济与同时生产多个制造业部门产品以减少交易成本之间的权衡取舍，认为区域一体化程度越高则各城市的专业化倾向越明显。

（2）劳动力蓄水池和技能匹配。

地方化经济的另一来源，是当地专业化劳动力的共享，能够使企业减少劳动力的获取成本。专业化的劳动力储备，能够使企业更好地应对市场形势的变化，克鲁格曼（Krugman, 1991b）通过一个边际收益递减并且生产率面临随机冲击的生产函数证明，当更多面临异质冲击的厂商进入并分享其劳动力市场时，每个厂商都会从中获得预期利润的提升，并且这种劳动力蓄水池效应减轻了边际收益递减的强度，因为劳动力市场的共享使厂商的劳动力需求对异质冲击的弹性下降。埃里森和弗登博格（Ellison, Fudenberg, 2003）指出，克鲁格曼在处理离散厂商的空间均衡时存在某些缺陷：厂商的空间均衡并非简单的区域间预期利润相等，而是单个厂商不能从改变空间区位中获得利润增加，当厂商迁移向更大的市场时将面对不同的工资竞价从而改变劳动力蓄水池效应的收益，因此，克鲁格曼模型只是多重均衡构成的均衡区间中的一个特例。

地方化劳动力市场也减少了企业和劳动力之间的匹配成本。埃尔斯利和斯特兰奇（Helsley, Strange, 1990）提出了一个劳动力匹配模型，该模型中劳动者的专业技能和企业的实际需求被假定为单位圆圆周上分布的不同点，代表企业的点与代表劳动者的点之间的距离意味着技能不匹配导致的额外培训成本。可以证明，随着劳动力和企业数量上升（即点的密度增加），培训成本降低而净工资增加。维纳布尔斯（Venables，2002）则考察了劳动力之间的技能匹配，因为低技能劳动力可以在与高技能劳动力配对工作中享受"搭便车"行为，从而缺乏改进技能的动力，因此高技能劳动力倾向于向同一劳动力市场集聚以减低这种技能不匹配导致的额外成本，最终结果是人力资本会在中心城市积累，而低技能劳动力分布在外围地区。

（3）地方化技术外溢。

同一产业的地方化集聚，能够促进地方化的技术外溢。现代信息技术的发展，使得规范化的知识在地区间传递的成本大幅下降，但需要"面对面"交流的隐性知识（tacit knowledge）却成为促进经济集聚的重要因素，隐性知识的空间传递成本非常高，因此，只有在地理上邻近的厂商才能分享其效益（Glaeser，1998；Porter，1998）。迪迈等（Dumais et al.，2002）指出，知识溢出增加了新企业诞生的数量；罗森塔尔和斯特兰奇（Rosenthal，Strange，2001）证明，知识的溢出效应具有极强的地方化特征，当距离增加时会迅速衰减，因此创新型企业往往倾向于形成产业集群。杜兰顿和普加（Duranton，Puga，2004）拓展了技术和知识因素对产业集聚的影响机制，将之归纳为一个城市的学习过程，包含地方化的技术创造、扩散和积累，从而使城市及其产业实现卢卡斯（Lucas，1988）所提出的内生增长。

2.1.2 城市化经济：雅各布斯外部性理论及其发展

上述以马歇尔外部效应为基础发展起来的集聚经济理论，关注同一产业部门厂商的空间集中，雅各布斯（Jacobs，1969）则指出，多样化产业的集中能够带来知识和技术的交叉扩散，不断催生新兴的产业和增长点，形成"城市化经济（urbanization economies）"。

雅各布斯的理论，强调城市及其产业发展的五个进程：①为发达地区提供简单制成品，并培育服务于出口部门的地方产业；②地方企业开始出口其产品，从而建立更多的上游部门；③城市开始自行生产并替代进口品，通过乘数效应实现快速扩张；④城市急速扩张，并形成多元化的出口产品、关联部门和地方经济体系；⑤城市持续产生新的出口并获得新的进口，继而通过新的进口替代过程实现发展的循环。雅各布斯（Jacobs，1984）认为，实现城市产业发展的这种良性循环需要市场、工作机会、企业移植、技术和资本五种力量的协同作用，缺一不可。

　　作用于地方化经济的集聚因素，同样能够促进城市化经济的形成（O'Sullivan，2012）。首先，城市中不同产业的厂商，可以共享商务服务、金融服务、仓储物流和公共基础设施，促使城市各类中间投入品的供给实现规模经济，因此，大城市厂商能够以较低的价格获得多样化的中间产品和服务；其次，夫妻双方均受过高等教育的家庭，更容易在具有多样化专业需求的大城市中同时就业，这导致了大城市人力资本的积累（Costa，Kahn，2000；Compton，Pollak，2007），并且一些知识和技能（如计算机技术）也可以应用于多个行业，许多行业的厂商都能从劳动力技能匹配性的提高中获益；此外，当城市中不同产业产品的需求出现变化，导致一些产业劳动力需求减少而另一些产业劳动力需求增加时，城市多样化劳动力"蓄水池"的存在可以维持经济发展的稳定性。大量研究普遍认为，城市化经济能够促进知识的创造和积累，生产多种产品的大城市有利于培育新思想，这些思想又能够进一步应用于新产品的设计与生产。奥德斯和费尔德曼（Audretsch，Feldman，2004）研究了大城市的产品革新，发现知识溢出效应不仅出现在产业内部，而且经常跨越产业界限，地理上的邻近性使得具有不同知识背景的人们相互交换信息更为便利。杜兰顿和普加（Duranton，Puga，2000）认为，尽管同部门专业化厂商的空间邻近能够产生较强的地方化经济并且可以减少城市的拥堵成本，但其劣势在于可能降低了创新频率，当专业化部门和技术面临正向冲击或负向冲击时难以分散风险；在此基础上，杜兰顿和普加（Duranton，Puga，2001）提出了一个"孵化器"模型，认为多样化的大城市能够减少新厂商尝试和选择适宜生产工艺的成本，而一旦生产流程成熟，厂商就将迁移至专业化城市以减少拥堵成本，因此，多样化城市孵化新兴产业，待其成熟后即输出给专业化城市进行大规模生产。一些新近的研究表明，城市化经济与总部集聚和职能专业化密切相关。阿兰德等（Aarland et al.，2007）的一项经验研究显示，企业集团倾向于将大量商务服务外包给会计、法律和广告等服务业供应商，不同产业的集团总部集聚能够有效地分享多样化的商业服务。杜兰顿和普加（Duranton，Puga，2005）指出，现代城市体系中的分工不再是产业专业化，而是城市功能的专门化：大城市致力于实现管理、研发等高级服务功能，成为多个产业总部的集聚中心，中小城市则专注于标准化产品生产。

2.1.3 新经济地理和垄断竞争模型

由克鲁格曼、藤田昌久等（Krugman，1991a；Fujita et al.，1999）发展起来的新经济地理模型（NEG）将迪克西特和斯蒂格利茨（Dixit，Stiglitz，1977）的垄断竞争模型和规模报酬递增引入对集聚效益的分析，为将产业空间集聚理论纳入主流经济学范式作出了开创性贡献。新经济地理模型建立在三个主要假设之上：①垄断竞争的制造业厂商生产多样化产品，对这些产品的需求具有不变替代弹性；②制造业生产函数具有规模报酬递增特性，每个企业只生产一种独特的产品，但具有相同的成本函数；③制造业产品在地区间的运输成本为冰山形式。克鲁格曼模型将产品种类竞争、规模经济和运输成本统一在劳动力空间流动的框架中分析，制造业的空间集聚会导致本地区产品种类数增加并且价格指数下降、实际工资水平上升，从而吸引更多的人口迁入本地，本地市场规模扩张产生的规模报酬递增形成进一步集聚的动力，这一机制被称为"本地市场效应（home market effects）"；而促使经济活动分散的力量，主要源于农业生产的不可移动性，向外地农业人口供应制造业产品需要支付运输成本，这降低了厂商的利润，因此只有当区间交易成本低于某一临界值时制造业的集聚才是稳定均衡。赫尔普曼（Helpman，1998）取消了克鲁格曼模型中的农业部门，代之以城市土地和住房需求，其理论模型表明当区间交易成本高于城市内拥堵成本时，集聚方为稳定均衡。奥塔维亚诺等（Ottaviano et al.，2002）构造的理论模型同时考察了不可移动部门和城市通勤成本，发现在多种力量的共同作用下，随着区间交易成本由高位逐渐降低，空间均衡呈现由分散到集聚再到分散的变化模式。

新经济地理模型试图赋予传统的集聚外部效应内生的解释，然而，在 NEG 框架下，只有共享中间产品这一机制以产业关联的形式得到了系统描述。克鲁格曼和维纳布尔斯（Krugman，Venables，1995）和维纳布尔斯（Venables，1996）最早运用新经济地理学的方法讨论上下游关联产业之间的集聚模式：在垄断竞争条件下，规模收益递增的生产性服务业和制造业之间的区位选择具有内生性，产业间的需求链和成本联系使得上下游产业聚集在同一地区。进一步研究则证明，城市群内各城市的中间品部门和最终产品部门共同构成了超越单个城市的关联部门，每个城市的上游部门或下游部门都可能利用相邻城市的供给和需求形成自身的规模经济和本地市场效应。藤田和滨口（Fujita，Hamaguchi，2001）构建的一个多样化中间产品模型表明，当中间产品的区间交易成本较高时，制造业和上游服务业将在同一城市聚集，形成一体化均衡（integrated city equilibrium），而当中间产品的交易成本相对较低时，城市系统中将形成专业化于中间部门的城市（I - specialized city equilibrium），中心服务业城市向周边制造业地区提供中间产品或服务。

2.2 城市集聚影响经济效率的测度和检验

在新古典城市集聚模型和新经济地理模型的基础上，学者们对城市集聚影响城市和产业经济效率的作用机制或其综合影响进行了大量实证研究。已有的研究一方面，检验了各理论的正确性和适用范围，另一方面，也为进一步探索城市集聚机制提供了定量材料。

许多经验研究证实了地方化经济对于产业和经济发展的积极作用。亨德森（Henderson，1986）估计了制造业各部门劳动生产率对该行业总产出的弹性，发现美国各行业的效率—规模弹性在0.02~0.11之间，其中，纸浆和造纸业的效率—规模弹性最低而石油行业弹性最高。芒和哈钦森（Mun，Hutchinson，1995）用加拿大的数据估计了商业部门的集聚经济效益，发现商业部门生产率对集聚规模的弹性远高于制造业，达到了0.27，城市中心商务区的地方化经济更强，因而劳动生产率往往比其他地区要高。罗森塔尔和斯特兰奇（Rosenthal，Strange，2003）估算了计算机软件业等6个行业的地方化经济效应，结果表明，如果某一邮政编码辖区内软件企业在1996年第四季度的初始就业比其他地区多100，则该地区软件行业一年后将比其他地区额外增加平均1.2个新增就业。城市化经济对企业发展和就业增长的贡献也为大量研究所证实。格莱泽等（Glaeser et al.，1992）发现，与地方化经济相比，城市化经济更有利于推动产业就业增长。马利齐亚和柯（Malizia，Ke，1993）对美国255个城市地区1972~1988年数据的实证分析表明，多样化程度越高的都市区拥有更低的失业率和更高的经济稳定性。汉森（Hanson，2001）的研究指出，拥有众多不同产业的城市长期增长速度往往越快，产业的差异化推动了城市经济发展。罗森塔尔和斯特兰奇（Rosenthal，Strange，2004）的一项综述显示，在一定区间内，城市规模翻倍能够带来城市效率增长 3% ~ 8%，城市化经济同时促进了企业成长和就业增长。对于地方化经济和城市化经济的实证结果事实上存在着一些争议。亨德森（Henderson，1997）使用 5 个资本品制造业的面板数据对集聚动态外部效应的考察发现，地方化经济作用更强而城市化经济效应较弱，而费尔德曼和奥德斯（Feldman，Audrescht，1999）等学者的研究支持多样化产业集聚有利于技术创新的结论，格伦茨（Greunz，2004）对 153 个欧洲地区 16 个制造业部门的检验结果显示，马歇尔外部性和雅各布斯外部性都对创新具有显著影响，并且后者在高技术部门的贡献更为重要。虽然仍然存有争议，但许多研究者倾向认为，对于成熟产业而言，同一产业地方化集聚有利于其增长，而创新型产业的增长则更有赖于城市化经济（Henderson et al.，1995）。

在上述研究中，以产业和人口集聚规模测度的集聚经济导致了城市各行业或城市总体经济效率的变化，另一些代表性研究则使用集聚密度来测度城市集聚经济。西科恩和霍尔（Ciccone，Hall，1996）提出集聚的外部性来自于经济活动的空间密度，并构建了一个较为严格的模型分析就业密度对城市劳动生产率的影响，利用美国数据证明了劳动力密度高的地区集聚效应对生产率的积极影响高于负面的拥堵效应，就业密度翻倍推动平均劳动生产率增长 6% 左右。西科恩（Ciccone，2002）对欧洲各国的实证研究也发现了类似的证据，但劳动生产率 – 密度弹性略低于美国。布鲁哈特和马泰斯（Brülhart，Mathys，2008）考察了不同产业部门的集聚密度效应，发现除金融部门以外，多样化产业集聚密度增加（即城市化经济）带来集聚效益，而部门自身的集聚密度增加则导致较为明显的拥堵不经济。格莱泽（Glaeser，2011）认为，集聚规模和集聚密度具有不同的政策含义，规模较大的城市人口分布过于分散化可能带来城市蔓延的问题，不利于土地集约使用，城市的规模发展应当是城市内集聚密度的提升，而不是城市地域的蔓延。但柯（Ke，2010）使用了一个扩展的 Ciccone – Hall 模型的实证研究发现，在控制集聚相对规模的贡献之后，集聚密度影响为负，这意味着工业在城市内部分布过密将产生更多拥挤效应，致使城市效率下降，因此应当使经济活动在城市内部一定程度上分散化。尽管城市的集聚密度与集聚规模是两个相互关联却有差别的因素，但在大部分实证研究中，无论是规模更大的城市还是密度更高的城市，其较高的工资率都被视为高生产效率的证据（Puga，2010）。

2.3 城市空间结构和均衡规模

前述城市集聚理论诠释了产业为何集中于城市地区，以及这种集聚会对城市经济效率产生何种影响。然而，产业和人口集聚并非仅带来正外部性，同时也可能导致集聚不经济，否则单个城市的人口和产业规模将无限扩张。集聚不经济包含污染、犯罪等社会效应，但在经济学模型中最典型的反映是拥堵带来的通勤成本和地租成本增加，城市的集聚经济与拥堵成本共同决定了城市的均衡规模。传统集聚模型普遍将城市视为一个地理单元，忽略其内部结构，而研究城市的均衡规模需要进一步考察经济活动在城市内部的分布规律。在城市内部，每一人口或产业都会占据一定范围的土地，城市的用地规模随城市人口或产业规模增加而增加，因此城市的通勤和地租成本函数与城市土地利用模型密不可分。城市土地利用模型关注产业和居民（劳动力）如何在城市中分布，空间分布的均衡形成于地租与运输成本之间的"可替代区位无差异条件"（Samuelson，1983）。经典城市土地利用模型是在杜能（Thünen，1826）的农业用地模型基础上发展起来的（Fujita，Thisse，2002），杜能假定存在一个均质平原和一个点状的中心市场，因而地租不再源于李嘉图式的土地肥力差异，而在于土地收入扣除运输和生产成本之后的剩余，边际地租等于接近（或远离）中心市场的运输成本变化。阿朗索（Alonso，1964）和穆斯（Muth，1969）将杜能的土地利用模式运用于城市用地模式的分析，考察围绕中央商务区（CBD）的产业和居民分布，提出了竞租模型。与杜能模型假设土地和非土地要素比例固定不同，竞租模型认为土地和非土地要素之间可以相互替代，因此厂商的竞租线是一条凸向原点的曲线。不同产业对可达性的需求和土地利用的集约程度不同，因而竞租曲线的斜率和截距不同，每一区位上的土地将分配给出价最高的行业。居民家庭的竞租行为与之类似，居民的无差异曲线取决于对住房面积和其他商品的相对偏好，而预算线取决于收入和通勤成本，根据居民在不同区位上的最优选择可以得到一条凸的竞租曲线。卡佩罗（Capello，2007）考察了 2003 年欧洲主要城市中心、半中心和周边区位每平方米的地租价值，发现地租与到中心距离的梯度呈负相关关系，并且城市中心区域被高附加值活动（商业和管理）所占据，大量城市近郊土地用于居住。但布吕克纳等（Brueckner et al.，1999）对巴黎和底特律的一项对比研究指出，城市中心的吸引力因城市文化差异而有所不同。在一些考察产业集聚的文献中，城市内部居住区位与 CBD 之间的通勤距离则被认为是影响城市的有效劳动力供给（Krugman，1996）。

　　早期的城市模型在市场地租曲线外生给定的假设下，分析单个厂商和居民区位决策的局部均衡。米尔斯（Mills，1967）和惠顿（Wheaton，1979）构建了城市一般均衡模型，将市场地租内生化，从区位均衡条件推导出城市的均衡密度、均衡规模和均衡地价。在产品市场、劳动市场和土地市场均衡的总体框架内，家庭效用和厂商利润都达到了区位均衡。米尔斯（Mills，1972）等讨论了城市人口规模给定而效用内生的"封闭"城市模型，而藤田（Fujita，1989）讨论了居民效用外生而城市规模内生决定的"开放"城市模型。城市一般均衡模型以严格的主流经济学方法讨论了城市边界范围内的产业和劳动力分布以及城市的总体效率和均衡规模,然而,这些模型假设厂商有一致的生产函数、居民有相同的偏好结构,意味着若无其他外生条件的影响,城市体系中所有城市应具有相同的空间规模和人口规模。理查森(Richardson,1972)最早质疑这种单一最优规模的观点,他认为城市因功能和结构不同其最优人口规模应当在某一区间动态变化,并且在最优规模之外更需要考虑能够支撑对城市服务充分需求的"门槛规模"。同时,城市一般均衡模型使用了规模报酬不变的新古典生产函数,因而忽略了产业部门在城市地区集中所产生的集聚经济效应。亨德森(Henderson,1974)在对城市均衡规模的分析中加入了马歇尔外部效应的影响,考察了产业的集聚收益与城市通勤成本之间的均衡模式,亨德森模型表明随着城市规模增长,城市总体效率将呈现先增加后减少的倒"U"型变化,城市发展最有效的规模在曲线的顶点处达到;因为不同行业的规模经济和集聚收益不同,城市间将形成专业化分工,不同行业的城市具有不同的最优规模。金本等(Kanemoto et al.,1996)通过估计日本各城市的总生产函数检验了不同规模城市的生产率,发现集聚经济效应在小城市很弱,对于大于20万人口的城市则非常明显,并且没有证据表明东京这样的特大城市已经过于庞大。卡佩罗和卡马尼(Capello,Camagni,2000)和卡佩罗(Capello,2013)则通过意大利城市数据考察了城市的"效率规模",证实城市效率规模将随着城市部门结构调整转型而变化。德斯梅特和汉斯贝格(Desmet,Hansberg,2013)研究表明,城市的规模分布由城市的生产效率、城市的宜居程度和政府的效率损失三个特征共同决定,消除其中任一特征差异都将导致大规模的人口迁移。

2.4　对中国城市集聚特征和效率的实证研究

随着中国城市化进程的推进，国内外学者开始关注中国城市的产业集聚特征以及城市规模经济对中国城市发展的影响。各类研究都证实了产业集聚对城市经济的显著作用，如范剑勇（2006）利用2004年中国地级城市和副省级城市的数据发现，非农产业劳动生产率对非农就业密度的弹性系数为8.8%左右，高于现阶段欧美国家水平；陈良文等（2008）发现，以北京为代表的发达地区弹性系数更高。柯善咨和姚德龙（2008）构建空间联立方程模型，证明中国城市劳动生产率与工业相对集聚互为因果、互相强化，并且在相邻城市间表现出明显的空间粘滞性和连续性。刘修岩和殷醒民（2008）则认为，就业密度与地区工资之间存在正"U"型关系，当就业密度高于某个门槛值时，它对工资水平的偏效应才显著为正。陆铭等（2012）指出，城市的规模经济效应还有利于提高劳动力的就业概率，城市规模每扩大1%，个人的就业概率平均提高0.039%~0.041%，其中，低技能劳动力获益最多。

许多学者进一步检验和比较了地方化经济与城市化经济在中国城市的作用，地方化经济意味着产业配置的专业化，而城市化经济意味着产业配置的多样化。与国际经验结果相似，对中国城市的实证研究也表明，不同集聚机制的实际影响因城市、产业或厂商类型而异。傅十和和洪俊杰（2008）利用2004年中国制造业企业普查数据的一项代表性研究结果表明，二者的影响与城市规模和企业规模有关。从城市规模来看，大城市和中等城市表现出较为显著的地方化经济，特大城市和超大城市表现出较显著的城市化经济；从企业规模来看，大企业在所有类型城市中都很少得益于城市化经济，并且地方化经济效应也不稳定，而中小企业在超大城市或特大城市中显著受益于城市化经济，在中等城市和较大城市中显著受益于地方化经济，这似乎意味着大企业的发展以内部规模经济为主，而中小企业更依赖于专业化产业环境或多样化产业环境的支撑。刘修岩和张学良（2010）使用2004~2007年全部国有和规模以上非国有工业企业数据对集聚经济因素在企业区位选择中的作用进行了实证分析，泊松面板数据模型估计结果显示地区的产业专业化、多样化和市场潜能都对期望进入的企业数量存在显著的正向影响，而且与地方化经济相比，城市化经济对地区新生企业的期望数量有着更大的作用。陈建军等（2011）通过2008年全国285个城市二位数制造业数据的研究发现，资本和技术密集型产业在区位选择上偏好城市化集聚，而劳动密集型产业更偏好地方化集聚。另一些实证研究进一步显示，多样化—专业化集聚模式对城市经济的作用是非线性的。如贺灿飞和潘峰华（2009）用2000年和2005年地级及以上城市两位数制造业数据对动态外部性进行的实证研究发现，多样化—专业化程度与产业增长之间存在非线性关系，产业专业化在一定程度上可以促进产业增长，但当专业化超过一定水平之后会对增长产生不利影响，相反多样化程度只有达到较高水平之后才会显著促进产业增长。苏红键和赵坚（2011）则发现，产业专业化与职能专业化均对城市经济增长造成倒"U"型影响。

　　关于中国城市的均衡规模，王小鲁和夏小林（1999）、王小鲁（2010）以及奥和亨德森（Au, Henderson, 2006a）通过对中国城市倒"U"型曲线的分析，都得出了中国大部分城市规模偏小、未能充分发挥集聚经济效益的结论，王小鲁（2010）认为，到2030年中国可能增加150座以上100万人口的大城市。范剑勇和邵挺（2011）认为，城市房价的过快上涨导致中国城市呈现"扁平化"特征，新经济地理模型中引发城市体系扁平化趋势的"非黑洞"条件在中国同样成立；而陆铭等（2011）指出，城乡分割政策导致了城市化进程受阻、大城市发展不足和城市体系的扭曲。德斯梅特和汉斯贝格（Desmet，Hansberg，2013）的估计显示，取消城市间生产效率、宜居程度和地方政府效率这三个特征中任何一个的差异，中国城市规模分布和福利的改变程度要远大于美国城市。

2.5 本章小结

本章对讨论城市产业集聚、规模经济和城市经济效率的主要理论进行了较为系统地总结，并分析了国内外一些代表性的经验结果。已有研究表明，多种微观经济因素导致厂商和劳动力在城市地区集中，而产业和人口的地理集聚带来城市规模的变化，这种变化将作用于城市的就业和生产率；城市扩大导致城市通勤成本增加，同时，由于城市内部土地资源的稀缺性，经济集聚也导致地租上升，形成集聚的不经济，集聚经济与不经济的相对大小决定了城市的有效规模。然而，上述研究存在若干不足之处。

其一，现有研究认为，城市的最优规模应当随市产业集聚特征而变化，但在城市均衡模型中，集聚只作为外部效应出现，因而未能构建规范的模型来解决城市最优规模如何随产业结构而变化这一重要问题，更无法进一步考察城市规模与城市产业结构如何共同影响城市生产效率。

其二，在将集聚机制内生化的新经济地理模型中，劳动力是主要生产要素，资本通常只在实证分析中作为控制变量出现。在实际中，资本积累的空间均衡与产业和劳动力分布的空间均衡同样影响城市经济效率，因此，我们有必要进一步讨论城市规模如何影响城市的资本积累效率。

其三，新古典集聚理论和新经济地理模型都假设各地所有厂商同质。新古典主义基础的城市经济学将集聚经济作为全要素生产率或劳动生产率的解释变量，新经济地理理论则主要关注以厂商数量表示的市场规模与要素报酬的内生作用机制。厂商同质的假设在现实中存在严重缺陷，在处理城市或产业效率的微观来源时特别明显。厂商效率是城市效率的重要来源，厂商效率的差异也影响着自身区位的选择。因此，研究城市规模对城市生产率的真实影响，就不能不考虑厂商的异质性和区位选择效应。

　　本书将以现有成果为基础，吸收和借鉴最新的研究方法和思路，分析城市产业结构和城市规模对城市生产率的协同作用，讨论不同规模城市资本积累的差异及其来源，并进一步探索异质厂商内生集聚导致的不同规模城市的要素生产率差异及其政策含义，以期得到一些有价值的研究结果。

城市规模、产业结构与城市
生产率的探索性分析

多年来，面对中国第二产业一枝独秀、资源与环境不堪重负的局面，社会各界无不认同"转变增长方式、调整经济结构"是中国经济持续、稳定发展的必由之路。中国政府主张，在城市化过程中做大做强服务业，发挥服务业最大就业"容纳器"的作用。但一些学者对服务业的发展曾提出不同观点，有人认为，发展服务业、推进产业升级需要实事求是地进行，中国居民消费结构层次偏低，强制产业结构升级只能造成生产和需求结构更不匹配、投入效率更低（乔为国，周卫峰，2004）；有学者甚至指出，与制造业相比，生产性服务业装备每个劳力所需的资产更多，而财务和经济效益更低（刘培林，宋濂，2007），基于投入—产出表的分析也显示，中国服务业增长普遍未能对国民经济产生应有的带动作用，其自身受其他部门的需求拉动作用也不大（程大中，2008）。服务业发展的实际效应与产业结构升级的现实需求之间似乎存在矛盾，如何在推进城市化的过程中破解这一矛盾呢？我们认为，在城市体系中，不同规模的城市具有不同的功能，其产业结构也发挥着不同的经济效应，产业的发展需要与城市的发展相适应，城市发展也必须与其产业的发展相匹配。今后较长一段时期，中国各地经济结构调整能否成功，其关键之一，在于各地城市能否形成与城市规模相适应的、服务业—制造业相互协调的产业结构，为各地经济带来更高的效益。

本章将从城市宏观层面对城市规模与城市生产效率之间的经济机制进行探索性分析，后续各章则逐步深入考察效率差异的微观来源。本章内容安排如下：第3.1节对中国城市产业结构、城市规模与人均产出之间的现实关系作一统计分析，在第3.2节简要回顾理论背景和文献；第3.3节构建一个制造业—生产性服务业关联的城市集聚模型，分析产业结构和城市规模协同影响城市经济效率的作用机制，并设置一个可供检验的计量方程；第3.4节说明变量和数据；第3.5节报告并分析实证检验结果；第3.6节是小结和政策建议。

3.1　中国城市发展和产业发展现状

2013年，中国国民经济中第三产业增加值比重达到46.1%，首次超过第二产业（43.9%），① 第三产业发展迈入一个新的阶段。然而，中国服务业的构成、性质和服务目标复杂、多元，其中，既有先进的科技服务和信息传输计算机服务等部门，也有金融保险、商业服务和物流等传统生产性服务业和环境、公共设施管理等社会经济基础设施部门，还包括大量为最终消费者服务的行业。因此，我们不仅有必要研究中国服务业比重的变化，更要研究中国各地

---

① 数据来源：中华人民共和国2013年国民经济和社会发展统计公报。

服务业的效益及其在地区间的差异。图 3 - 1 是 2012 年中国地级及以上城市产出效率与产业结构相关关系的散点图和拟合线，其中，横轴为城市市辖区第三产业增加值与第二产业增加值之比（ts），纵轴为城市市辖区人均 GDP 的自然对数（lngdppc）。人均产出与第三产业—第二产业比之间表现出负相关性，且在 P = 0.005 显著性水平下拒绝了零假设。尽管发达国家的经验表明，现代服务业是经济发展的方向，但是，在中国目前的发展阶段，产业结构与经济效率之间的关系显然更为复杂。

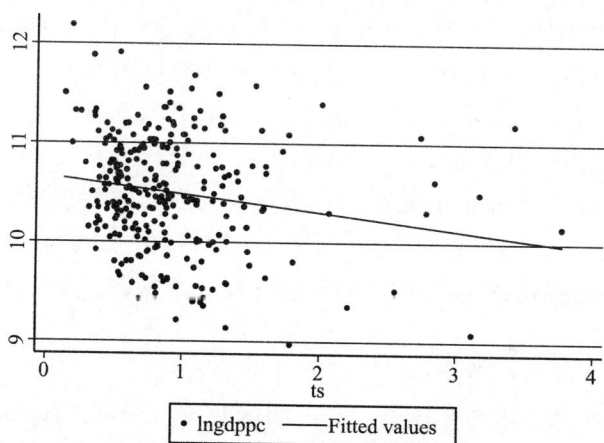

图 3 - 1　2012 年中国城市第三产业—第二产业比与人均产出

资料来源：根据《中国城市统计年鉴》2013，中国统计出版社 2013 年版中的相关指标测算。

产业发展与城市发展密不可分。以往对该问题的研究，通常侧重于城市化与工业化之间的相互关系，认为城市化推动着国民经济由第一产业向第二产业跃迁的进程，而中国的城市化似乎又落后于工业化进程。城市是第二产业和第三产业集聚的载体，国内外大量理论和实证研究已反复证实城市规模影响城市经济效率。但是，中国曾在很长一段时期内实行严格限制大城市、适当发展中等城市、优先发展小城市的城市发展方针。实践证明,这一方针不符合经济规律。尽管城市过度扩张可能导致"城市病",但是,城市规模太小则难以产生集聚经济(王小鲁,夏小林,1999;王小鲁,2010;Au,Henderson,2006a)。2013年《中国城市统计年鉴》显示,截至2012年,中国城市(镇)体系由289个地级及以上城市、368个县级市,以及1500多个县级城镇和2万多个建制镇组成。其中,地级及以上城市市辖区不仅集中了中国非农业经济总量的2/3以上,[①] 而且在多数地区发挥着经济和行政中心的作用,构成中国城市体系的中枢和骨架。与世界各国相比,中国地级地区的面积和人口都具有很大的规模,地区经济发展的可能性及其对中心城市所要求的功能都决定了中国地级中心城市应具有相应较大的规模。因此,地级城市实现规模效益具有全局意义。图3-2是2012年中国地级及以上城市的经济效益与城市规模的散点图,图3-2中横轴为市辖区年末总人口的自然对数值(lnpop)。城市规模与城市经济效率间存在显著的正相关性,零假设下的弃真概率小于0.001。

　　城市规模与产业结构之间存在什么关系呢?一般认为,随着城市规模的扩大,服务业比重上升而制造业比重下降(Kolko,1999;Henderson,1997),因为从事标准化生产的成熟制造业从大城市中获得的集聚效益较小,却要支付高地租和高工资,于是它们将选择向成本较低的中小城市转移。可是,中国城市规模与产业结构之间的现实关系,却并非完全如此。图3-3表示,2012年中国城市规模和城市产业结构散点分布和二次拟合曲线,横轴为各城市市辖区人口规模的自然对数值,纵轴为城市第三产业—第二产业增加值之

---

　　① 根据2013年《中国统计年鉴》和《中国城市统计年鉴》相关数据计算,地级市市辖区非农业GDP总量占当年非农业国内生产总值的68.2%。

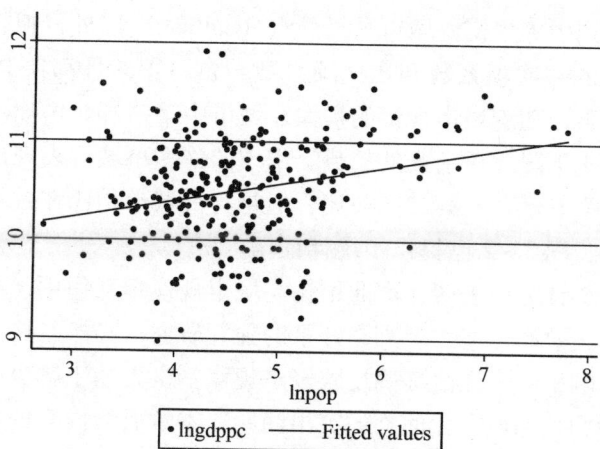

图 3 - 2　2012 年中国城市规模与人均产出

资料来源：根据《中国城市统计年鉴》2013，中国统计出版社 2013 年中的相关指标测算。

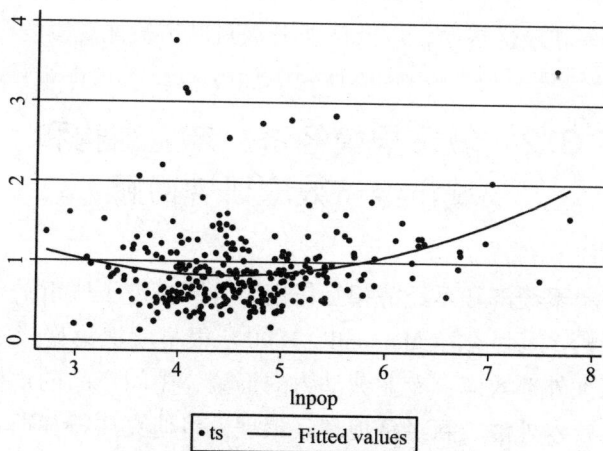

图 3 - 3　2012 年中国城市规模与第三产业—第二产业结构

资料来源：根据《中国城市统计年鉴》2013，中国统计出版社 2013 年中的相关指标测算。

比。除个别中等规模的城市是局外点（outliers）以外，拟合方程中城市规模的一次项系数和二次项系数一负一正，且都在 P = 0.001 水平下显著。随着城市规模的扩大，城市中第三产业增加值的份额总体呈现先下降、后上升的趋势。中国的许多小城市表现出与大城市相近的第三产业—第二产业比，但是与大城市相比在效益上具有显著差异，图 3 - 2 已提供了统计证据。

以上统计分析表明，产业结构与城市规模相互作用、共同影响城市的产出效率。将二者割裂开来的独立研究，必然忽略某些重要的协同影响机制，无法准确反映经济规律，也无助于解决中国城市经济结构调整和城市化面临的突出问题。本章后续内容的贡献，就是将产业结构与城市规模的作用纳入一个统一的框架之中，构建一个生产性服务业—制造业关联的城市集聚模型，利用与城市集聚经济地域范围相符的全国城市数据分析产业结构和城市规模对经济效率的协同影响，估计中国各类城市从产业结构效应中获得经济效益的门槛规模和最优规模，以及产业升级对城市最优规模的影响。

3.2　城市规模经济、产业结构和城市经济效率研究回顾

城市集聚经济和不经济相互作用，共同决定了城市的生产效率和适度规模。马歇尔（Marshall，1890）很早就把集聚经济的来源总结为三大外部效应：专业劳动力的汇聚、中间产品的规模经济和地方性的技术外溢。新经济地理集聚理论将迪克西特和斯蒂格利茨（Dixit，Stiglitz，1977）的垄断竞争模型和规模报酬递增引入对集聚效益的分析，赋予传统的外部效应内生的解释（Fujita et al.，1999）。传统的集聚不经济有若干来源：随着城市规模扩张，个人实际收入因通勤成本增加而降低（Alonso，1964），地租上升和环

境恶化也会削弱大城市对居民的吸引力（Krugman，1996），劳动力成本的上升则会使企业重新权衡在大城市获得的集聚效益和在其他城市可得的低成本劳动力（Puga，1999）。新经济地理学认为，产业分散的主要力量是厂商在城市间的交易成本，由于农业生产的不可移动性，只有当区间交易成本低于某一临界值时制造业的集聚才是稳定均衡（Krugman，1991）。赫尔普曼（Helpman，1998）以城市土地和住房取代农业部门构建了理论模型，分析结果表明当区间交易成本高于市内拥堵成本时，集聚方为稳定均衡。奥塔维亚诺等（Ottaviano et al.，2002）的理论模型同时考察了不可移动部门和城市通勤成本，发现在多种力量的共同作用下，随着区间交易成本由高位逐渐降低，空间均衡呈现由分散到集聚再到分散的变化规律。对集聚经济和不经济的大量研究共同表明，城市经济效率可能会随着城市规模的增长呈现先增后减的倒"U"型变化（O'Sullivan，2012）。

　　早期对城市规模和效率的研究，假设城市具有单一的最优规模，忽略了城市内在功能和结构的影响。理查森（Richardson，1972）否定了单一最优规模的观点，认为城市最优规模因功能和结构不同而异，他还认为对城市服务的需求决定着城市的最低"门槛规模"。亨德森（Henderson，1974）基于城市规模经济和通勤成本构建了一般均衡模型，各城市因其行业的规模经济和集聚收益不同而形成专业化分工，不同行业所在的城市具有不同的最优规模。杜兰顿和普加（Duranton，Puga，2005）进一步论证了不同类型的城市将走向功能化分工，如以总部和高级商务服务为代表的大中心城市和以普通制造加工业为主的中小城市。一些研究还证实，以城市产业间（或部门间）关联性所表示的产业结构影响着城市的效率和规模。卡佩罗和卡马尼（Capello，Camagni，2000）利用意大利58个城市数据考察城市的"效率规模"，认为城市效率规模随着城市部门结构调整转型而变化。卡佩罗（Capello，2013）为此提供了新近的证据。拉赫曼和阿拉斯（Rahman，Anas，2004）的研究指出，在一个由不同规模城市构成的城市体系中，城市产业结构随城市规模而变化，并且产业结构的差异导致经济效率的差异。拉赫曼和藤田（Rahman，Fujita，1990）和维纳布尔斯（Venables，1996）分别构建了理论模型，考察中间服务业规模经济带来的城市集聚效益和内生机制：下游生产部门需要差异化的生产性服务作为中间投入品，中间厂商的数目越多，下游厂商从中间部门的规模经济中获得的效益越大、成本越低，因此，共享中间投入的制造业厂商会向同一城市集中；随着下游厂商需求的增加，生产性服务业为实现更大的规模经济而向下游制造业厂商所在地集聚，导致下游厂商的成本进一步降低。柯善咨等（Ke et al.，2014）对中国地级城市多年数据进行了比较严谨的检验，证实上下游产业关联和内生集聚的规律同样适用于中国城市。国际经验研究还表明，总部、技术密集型产业和新兴产业对中间服务有更高的需求。其中，阿兰德等（Aarland et al.，2007）发现，美国企业总部倾向于将大量商务服务外包给服务业企业，其要素报酬中的13.4%用于支付会计服务，15.2%用于法律服务，36.6%用于广告服务。因此，一个城市的产业越是高级化，生产性服务业增加值或从业规模的份额就越高。

对中国城市的实证研究，也发现了产业结构—城市规模效应。奥和亨德森（Au，Henderson，2006a）在研究中国城市规模的经济效率时，利用二、三产业增加值之比测度城市产业结构，发现产业结构不同的城市具有不同的规模—效益曲线。豆建民和汪增洋（2010）的研究结果指出，城市二、三产业产值比例对土地产出率的影响在小城市较大，在大城市较小，表明城市产业结构对产出效率的影响，因城市规模的差异而有所不同。但是，这些研究仍然将城市规模和产业结构作为两个独立因素，当考察其中一个变量的作用时另一变量仅用于对城市样本进行分类，并未揭示二者的协同作用机制。有别于以往的研究，本章构建一个制造业—生产性服务业关联的集聚模型，研究城市规模和产业结构如何协同作用、共同影响城市产出效率。

3.3　生产性服务业—制造业影响城市效率的集聚机制和计量模型

3.3.1　城市生产性服务业—制造业集聚模型

在生产性服务业—制造业关联引致的集聚模式下，城市经济效益源于产业结构与城市规模的协同作用。本节以拉赫曼和藤田（Rahman，Fujita，1990）以及杜兰顿和普加（Duranton，Puga，2004，2005）的中间产品模型为起点，进而推导并分析产业结构和城市规模作用于城市生产效率的理论机制。

假定城市经济由两部门构成：生产贸易品的制造业（用 y 表示）和本地服务业（用 x 表示），后者生产前者所需的中间品和服务。与上述模型假设制造业产品完全竞争不同，本章假设所有厂商生产有差异的产品，因此，制造业与中间产业的生产均为迪克西特和斯蒂格利茨（Dixit，Stiglitz，1977）的垄断竞争模式。制造业厂商可以在两个城市间选择区位。城市 $i(i=1,2)$ 能够参与生产的总人口为 N_i，每人在城市中居住一单位面积土地，并提供一个单位时间的劳动力。无损于对核心问题的刻画，同时避免模型过于复杂，我们沿用克鲁格曼（Krugman，1996）的"线型"城市结构，假设居住区在 CBD 两侧沿大街均匀分布，因此城市边界与 CBD 的距离 $d_i = N_i/2$。劳动者单位距离的通勤消耗 2θ 单位（包括往返）的时间。均衡工资率为 w_i，城市总通勤成本是全城市所有劳动者的通勤时间与工资的乘积总和，$2w_i \int_0^{N_i/2} 2\theta b\,db = \frac{1}{2}\theta N_i^2 w_i$。扣除通勤时间，城市总有效劳动力是：

$$L_i = N_i - \frac{1}{2}\theta N_i^2 \qquad (3-1)$$

由于劳动者的最长通勤时间不超过其时间禀赋，居住在城市边界的劳动力通勤时间必须小于1，故有约束条件 $\theta N_i < 1$，因此，均衡时城市的边际有效劳动（dL/dN）大于零。

两个城市的消费者具有一致的 CES 效用函数，制造业产品间的不变替代弹性 $\sigma_y > 1$。制造业产品具有"冰山"形式的交易成本，"冰山"模型最早由萨缪尔森（Samuelson，1952）正式构建，后被广泛运用于新贸易和新经济地理理论，即城市 i 的一单位产品到达城市 j 需要 $\tau > 1$ 个单位的产品从城市 i 运出。用 E_i、E_j 分别表示城市 i、j 的消费者对制造业产品的总支出，$G_{y,i}$、$G_{y,j}$ 分别表示两城市制造业产品市场价格指数，$p_{y,i}$ 是产品出厂价，则城市 i 的制造业厂商 s 面对的总需求为：[1]

$$y_i(s) = (E_i G_{y,i}^{\sigma_y-1} + E_j G_{y,j}^{\sigma_y-1} \tau^{1-\sigma_y}) p_{y,i}(s)^{-\sigma_y}, \quad i \neq j \qquad (3-2)$$

设制造业厂商生产 y 需要劳动、中间产品和其他要素投入，要素组合的固定投入和可变投入用 f_y 和 c_y 表示，同时，设 μ 和 γ 分别是中间投入和其他要素在投入成本中的份额。城市 i 的制造业厂商 s 具有以下形式的成本函数：

$$C_{y,i}(s) = w_i^{1-\gamma-\mu} g_i^\gamma G_{x,i}^\mu [c_y y(s) + f_y] \qquad (3-3)$$

其中，w_i 和 g_i 代表工资和其他要素价格，$G_{x,i}$ 表示本地中间产品的价格指数：

$$G_{x,i} = \left\{ \int_0^{n_i} [p_{x,i}(h)]^{1-\sigma_x} dh \right\}^{1/(1-\sigma_x)} \qquad (3-4)$$

式（3-4）中的 h 表示某中间厂商，n_i 为中间厂商的数目，中间产品的替代弹性 $\sigma_x > 1$。因本章关注的主要是制造业与生产性服务业之间的关联效应，现假定其他要素在投入中所占比例 γ 恒定，

---

[1] 需求函数推导的细节说明，参见藤田等（Fujita et al.，1999）第 3 章第 1 节。

因而，制造业厂商成本结构的变化完全由劳动力和中间投入比例的变化决定。

式（3-3）中的中间投入参数 μ 衡量制造业与本地服务业之间的关联程度，由厂商的技术特征外生决定。一般而言，高附加值的生产部门对于金融、法律、广告、科研等生产性服务有更高的需求，而本地市场效应意味着中间服务业的产出会比下游制造业以更快的速度增长。因此，随着这一类产业的集聚，城市服务业—制造业比会升高，而人们所能观测到的也正是城市整体的产业构成变化。但值得指出的是，小于某个最低门槛规模的城市难以吸引大规模生产部门，因此，小城市即使有较高的服务业比重，其经济仍可能是低效的。这有待于下文严格的理论演绎和实证检验。

假设本地中间厂商（生产性服务业）生产 x_i 需要固定劳动投入 f_x 和可变劳动投入 c_x，城市 i 的中间厂商 h 的成本函数为：

$$C_{x,i}(h) = w_i[c_x x_i(h) + f_x] \qquad (3-5)$$

由于市场上存在大量厂商，单个厂商定价不影响总体价格指数，于是由式（3-2）、式（3-3）以及利润最大化的一阶条件得到城市 i 生产的制造业品出厂价：

$$p_{y,i} = \frac{\sigma_y c_y}{\sigma_y - 1} w_i^{1-\gamma-\mu} g_i^{\gamma} G_{x,i}^{\mu} \qquad (3-6)$$

因制造业生产成本中比例为 μ 的部分支付中间产品，故本地中间厂商 h 面对的总需求为：

$$x_i(h) = \left[\mu G_{x,i}^{\sigma_x - 1} \int_0^{m_i} C_{y,i}(s) ds \right] p_{x,i}(h)^{-\sigma_x} \qquad (3-7)$$

式（3-7）中的 m_i 表示城市 i 制造业厂商的数量。

同样，可以得到地方化中间产品成本加成的定价：

$$p_{x,i} = \frac{\sigma_x}{\sigma_x - 1} c_x w_i \qquad (3-8)$$

均衡时所有中间产品同价，因此，中间产品的价格指数仅取决于本地中间厂商的数目：

$$G_{x,i} = \frac{\sigma_x c_x w_i}{\sigma_x - 1} n_i^{\frac{1}{(1-\sigma_x)}} \qquad (3-9)$$

因为 $1 - \sigma_x < 0$，所以以厂商数量表示的中间产品部门规模越大，$G_{x,i}$ 也越低。将 $G_{x,i}$ 代入制造业厂商成本函数（3-3）可知，制造业部门将因共享中间产品带来的规模经济而降低生产成本。

厂商的自由进入，使得均衡时两部门的垄断利润降为 0，由零利润条件得到：

$$x_i = x_j = \frac{(\sigma_x - 1)f_x}{c_x} \qquad (3-10)$$

$$y_i = y_j = \frac{(\sigma_y - 1)f_y}{c_y} \qquad (3-11)$$

劳动力市场出清要求 $L_{y,i} + L_{x,i} = L_i$。均衡时劳动收入等于其产出且等于厂商成本中的相应支付，有 $w_i L_{x,i} = n_i p_{x,i} x_i = \mu m_i C_{y,i}$ 和 $w_i L_{y,i} = (1 - \gamma - \mu) m_i C_{y,i}$，因此，两个产业总工资支出 $w_i L_i = (1-\gamma) m_i C_{y,i}$，于是 $n_i p_{x,i} x_i / w_i L_i = \mu/(1-\gamma)$，根据式（3-8）、式（3-10）有 $p_{x,i} x_i = \sigma_x f_x w_i$，代入前一式解出：

$$n_i = \frac{\mu}{(1-\gamma)\sigma_x f_x} L_i \qquad (3-12)$$

城市 i 制造业总销售额 $Y_i = m_i p_{y,i} y_i = w_i L_i/(1-\gamma) =$ 中间服务业增加值 + 制造业增加值，因此，Y_i 衡量城市的总产出水平。为保持与代表性实证研究（Ciccone，Hall，1996；Kanemoto et al.，1996 等）的可比性，本章以城市人均产出 Y/N 测度城市经济效率。同时，令 $\varepsilon = E_i G_{y,i}^{\sigma_y-1} / E_j G_{y,j}^{\sigma_y-1}$ 表示城市 i 相对于城市 j 的市场份额，用 q_i、q_j 分别表示城市 i、j 其他要素人均占有量 $[g_i q_i N_i = \gamma m_i C_{y,i} = \gamma w_i L_i/(1-\gamma)]$，[①] 根据下述过程可以导出城市 i、j 的相对效率与相对城市规模和产业结构之间的函数关系。首先，由式（3-11）

---

① 城市其他要素投入在本章都当作控制变量，这样我们可以在分析中控制由于人均要素占用量增加而带来的新古典模式增长。

可知，单个制造业厂商的最优产量与所在城市无关，因此两个城市该变量的比值 y_i/y_j 为 1，根据需求方程（3-2）这一比值又可表示为制造业产品价格、相对市场份额和地区间交易成本的函数。其次，将式（3-12）代入式（3-9）消去 n，再代入价格方程（3-6）消去 G_x，根据 q 的定义消去 g，最后由上述 $Y = wL/(1-\gamma)$ 消去 w，得到：

$$1 = \frac{y_i}{y_j} = \frac{\varepsilon + \tau^{1-\sigma_y}}{1 + \varepsilon\tau^{1-\sigma_y}}\left(\frac{p_{y,i}}{p_{y,j}}\right)^{-\sigma_y} = \frac{\varepsilon + \tau^{1-\sigma_y}}{1 + \varepsilon\tau^{1-\sigma_y}}\left[\left(\frac{L_i}{L_j}\right)^{\frac{\mu}{1-\sigma_x}+\gamma-1}\left(\frac{q_i N_i}{q_j N_j}\right)^{-\gamma}\frac{Y_i}{Y_j}\right]^{-\sigma_y}$$

$$(3-13)$$

把式（3-1）代入式（3-13）后，解出 Y_i/Y_j，经整理得城市 i 相对于城市 j 的效率水平为：

$$\varphi = \frac{Y_i/N_i}{Y_j/N_j} = \left(\frac{\varepsilon + \tau^{1-\sigma_y}}{1 + \varepsilon\tau^{1-\sigma_y}}\right)^{\frac{1}{\sigma_y}}\left(\frac{N_i - \frac{1}{2}\theta N_i^2}{N_j - \frac{1}{2}\theta N_j^2}\right)^{\frac{\mu}{\sigma_x-1}}\left(\frac{1 - \frac{1}{2}\theta N_i}{1 - \frac{1}{2}\theta N_j}\right)^{1-\gamma}\left(\frac{q_i}{q_j}\right)^{\gamma}$$

$$(3-14)$$

本章所探讨的主要变量之间的作用关系，即蕴含在式（3-14）中。首先考察产业关联度 μ 对城市效率的作用。式（3-14）对 μ 的偏导数是：

$$\frac{\partial\varphi}{\partial\mu} = \frac{\varphi}{\sigma_x-1}\ln\left(\frac{N_i - \frac{1}{2}\theta N_i^2}{N_j - \frac{1}{2}\theta N_j^2}\right) = \begin{cases} >0, & \text{如果 } N_i > N_j \\ <0, & \text{如果 } N_i < N_j \end{cases}$$

$$(3-15)$$

以城市 j 为参照，如果城市 i 的规模大于城市 j 的规模，根据前文所述边际有效劳动大于零的约束条件，$d(N_i - \theta N_i^2/2)/dN_i > 0$，所以城市 i 的规模越大，产业关联度提升所带来的产出效率增加越显著。因此，大城市通过引进对生产性服务有更高需求的新型产业、推动本地区部门结构改变，能够进一步提高城市相对生产率 φ。另外，注意到当城市 i 的规模小于城市 j 时，如果城市 i 提高其服务业—制造业比例，则相对效率反而会降低，这正是统计分析中与大城市具有相近第三产业—第二产业比的小城市所面临的状况，这些城市的产业结构与其规模是不相匹配的。

城市规模对城市效率的作用，可用式（3－14）对城市规模 N_i 的偏导数表示：

$$\frac{\partial \varphi}{\partial N_i} = [\ \cdot\ ]\left[\frac{\mu}{\sigma_x - 1}(1 - \theta N_i) - \frac{1}{2}\theta(1 - \gamma)N_i\right]$$

$$= \begin{cases} >0, & \text{if } N_i < 2\mu/[2\mu + (\sigma_x - 1)(1 - \gamma)]\theta \\ <0, & \text{if } N_i > 2\mu/[2\mu + (\sigma_x - 1)(1 - \gamma)]\theta \end{cases} \quad (3-16)$$

第一个方括号内是一个恒为正的量。随着城市规模增大，厂商将获得集聚效益，生产效率不断上升，而同时拥堵成本也会逐渐增加，在 $N = 2\mu/[2\mu + (\sigma_x - 1)(1 - \gamma)]\theta$ 时城市处于最优规模，超过这一规模，集聚不经济完全抵消掉集聚经济，城市产出效率开始下降，城市规模对城市经济效率的影响呈倒"U"型曲线。通过简单的求导可以发现，最优规模关于 μ 单调递增。因此，方程（3－14）揭示了产业结构与城市规模对于城市经济效率的协同影响。

同时，易于证明 $\partial \varphi/\partial \varepsilon = [\ \cdot\ ][1 - \tau^{2(1-\sigma_y)}] > 0$ 和 $\partial \varphi/\partial \tau = [\ \cdot\ ](\sigma_y - 1)\tau^{-\sigma_y}(\varepsilon^2 - 1)$。前者表明，本地消费市场份额越大、产出效率越高，反映了消费品的本地市场效应。后者的影响不确定，但当地区间交易成本较高时，向 $\varepsilon > 1$ 的大市场集聚可以节约更多的运输费用，主要市场所在地的产出效率随之增加，而小市场因交易成本升高而受损。

3.3.2　计量模型设定

为构建一个可供检验的计量模型，可将城市 j 的规模假设为某一"参照值"。所谓参照值是指，在这样一个城市规模下，若其他所有变量都取其平均水平，则城市人均产出可以表示为 1 个计价单位，这样，所有其他城市 i 对该参照城市 j 的相对产出在数值上都等于其绝对产出。尽管我们不知道参照规模的实际值，但由于它是一个常量，所以取对数后将之纳入参数中。对式（3 - 14）两边取对数，省略下标 i，整理得到：

$$\ln\varphi = a_0 + a_1\ln\left(1 - \frac{1}{2}\theta N\right) + a_2\mu\ln\left(N - \frac{1}{2}\theta N^2\right)$$
$$- a_3\mu + a_4\ln f(\varepsilon, \tau) + \gamma\ln q \qquad (3-17)$$

各项参数意义如下：$a_0 = (\gamma - 1)\ln(1 - \theta N_j/2) - \gamma\ln q_j$，$a_1 = 1 - \gamma$，$a_2 = 1/(\sigma_x - 1)$，$a_3 = \ln(N_j - \theta N_j^2/2)/(\sigma_x - 1)$，$a_4 = 1/\sigma_y$，且 a_2、a_3 应大于 0。交叉项 $\mu\ln(N - \theta N^2/2)$ 刻画服务业—制造业部门结构与城市规模的交互影响，而 μ 的一次项系数为负意味着当城市规模较小 $[$即 $N - \theta N^2/2 < \exp(a_3/a_2)]$ 时，过高的服务业—制造业比将阻碍城市的发展，正如上文对 μ 进行比较静态分析所述。最后两项包含了本地市场份额、地区间交易成本和城市人均其他要素投入对于城市产出的影响。式（3 - 17）中，$1 - \theta N/2$ 和 $N - \theta N^2/2$ 两项均是关于 N 的函数，在回归方程中用城市规模的二次项表示这种倒"U"型曲线关系。综上所述，与理论模型一致、检验产业结构和城市规模协同效应的计量模型如下：

$$\ln\varphi_i = \beta_0 + \beta_1\ln N_i + \beta_2(\ln N_i)^2 + \beta_3\mu_i + \beta_4\mu_i\ln N_i$$
$$+ \beta_5\ln\varepsilon_i + \beta_6\ln\tau_i + \beta_7\ln q_i + u_i \qquad (3-18)$$

3.4　城市指标和面板数据

从 2003 年起，《中国统计年鉴》使用新的行业分类标准，2009 年起停止发表城市非农业人口数据。为保持统计口径的一致性，本章的基本回归使用 2003 ~ 2008 年 286 个地级及以上城市数据,① 同时使用 2003 ~ 2012 年市区总人口数据额外估计一组方程作为对照 (2011 ~ 2012 年新增或升格了铜仁、毕节、三沙三个地级市,撤销了巢湖市,新增的地级市缺乏之前历年的完整统计数据,因此这两年有效样本数为 285)。主要数据来源于历年《中国城市统计年鉴》。价格指数数据来源于历年《中国统计年鉴》,因为没有城市层面的价格指数,所以用各省级单位的相关指数替代。一些短期内不随时间变化的不可观测因素,比如,城市先天的自然资源、地理位置等先天特征可能影响城市经济效率,可以用城市固定效应控制。式 (3 – 18) 中的 q_i 表示若干控制变量,包括城市人均资本和基础设施水平等。下面,说明各变量的指标和数据。

城市产出效率 φ_i 是本章的被解释变量,以各城市市辖区人均非农业 GDP 来测度,并以各省区市的城市居民消费价格指数折算为以 2000 年为基期的实际值。城市规模 N_i 分别用市辖区年末总人口和非农业人口表示。城市年鉴采用的是按农业、非农业户口分类的户籍统计口径,但中国城市市辖区内的很多农业户口人员在非农业部门务工,因此使用非农业人口可能低估了城市规模,而使用总人口可能高估了城市规模。我们在回归中,将分别使用这两个指标估计两组不同的方程。考虑到北京、上海、广州、深圳、佛山、东莞等城市有大量未获得户籍的常住劳动力,因此,这些城市的市区总人口数据依照当地统计年鉴的常住人口指标进行了调整。

城市产业结构 μ_i 在理论上是制造业生产成本中支付给中间服务业的比重。我们根据《中国 2007 年投入产出表》,从 14 个服务业部门中选取了制造业对其消耗系数较高的交通运输、仓储及邮政业,批发和零售业,金融业,租赁和商务服务业,住宿和餐饮业,

① 根据《中国城市统计年鉴》,地级及以上城市的市辖区统计指标,排除了下辖县市和县,因此,可以将地级市和县级市区分开来。本书中所有提到的"地级市"都指地级市的市辖区。由于数据可获得性的原因,所以本样本中没有拉萨市的相关数据。

科学研究、技术服务和地质勘查业，信息传输、计算机服务和软件业 7 个行业作为生产性服务业的代表（制造业对各部门的平均消耗系数，见表 3－1）。另外，中国城市统计中没有各个细分行业增加值，因此，我们使用市辖区生产性服务业（上述 7 个行业加总）和制造业的相对就业规模来测算。

表 3－1　　制造业对服务业各部门的平均直接消耗系数和平均完全消耗系数

	直接消耗系数	标准差	完全消耗系数	标准差
交通运输、仓储及邮政业	0.022807	0.006204	0.088563	0.008238
信息传输、计算机服务和软件业	0.003525	0.002164	0.016651	0.004711
批发和零售业	0.020446	0.004503	0.062763	0.012839
住宿和餐饮业	0.005242	0.002058	0.024703	0.003225
金融业	0.011523	0.004862	0.055969	0.010264
房地产业	0.003022	0.002186	0.011779	0.003199
租赁和商务服务业	0.008067	0.004528	0.031098	0.007846
科学研究、技术服务和地质勘查业	0.004714	0.002715	0.019296	0.005439
水利、环境和公共设施管理业	0.000370	0.000444	0.002460	0.000747
居民服务和其他服务业	0.001534	0.000723	0.012628	0.001374
教育	0.000343	0.000149	0.002318	0.000240
卫生、社会保障和社会福利业	0.001430	0.000917	0.004627	0.001538
文化、体育和娱乐业	0.001051	0.000329	0.005098	0.000644
公共管理和社会组织	0.000108	0.000022	0.000493	0.000020

数据来源：根据《中国 2007 年投入—产出表》相关指标测算。

城市人均国内资本存量 k_i 没有公开发表的统计数据。本章借鉴文献进行估算（柯善咨，2009）。首先，用 2000 年各城市市辖区限额以上工业企业流动资产和固定资产净值，估计限额以上工业资本存量。其后，利用限额以上工业增加值占市辖区生产总值比例，估计 2000 年各城市资本存量。2000 年以后，各年的资本存量根据全市实际投资总额，用永续盘存法计算：$K_{i,t} = (1-\delta)K_{i,t-1} + I_{t-1}/d_{i,t-1}$。式中，$K_{i,t}$是资本存量；$\delta$是年折旧率，设为5%；$I_{t-1}$是实际投资，考虑到建设周期，许多投资项目无法在当年生产中发挥作用，因此，我们使用平均一年的滞后期；$d_{i,t-1}$采用城市所在省区市的累积资本价格指数。全社会资本存量包含FDI，为避免重复计算，从全社会资本存量中减去FDI存量得到各城市的国内资本存量。城市人均FDI存量fdi_i的估算方法与国内资本存量类似，也从2000年开始计算。假设2000年存量是当年吸收FDI的三倍（取值大小对几年以后的存量影响并不大），后续各年FDI存量用每年实际使用FDI和上述永续盘存法公式累计。以美元计算的FDI按当年平均兑换率换算为人民币数值。

城市人力资本用市辖区每万人中在校大学生数作为代理变量。城市基础设施以市辖区人均城市道路面积和每万人拥有公共汽车数来测度。城市本地市场份额ε_i是各城市实际商品零售额占全国的比例。城市间交易成本τ_i没有直接的统计数据，以城市的货运量来间接测度，货运量越大说明城市的运输越通达、单位成本越低。本章采用铁路、公路、水运、民航等细分的人均运量指标，并使用滞后一年的数据减轻内生性。

方程（3–18）中，除μ_i以外的变量均为对数形式。为避免丢失有零的记录，含零值的变量加上一个比该变量最小值还小的量（如0.001）。表3–2是2008年和2012年相关变量的描述统计量。

表3–2   2008年和2012年中国地级城市截面数据的描述统计量

变量	意义	2008年		2012年	
		均值	标准差	均值	标准差
nagdp	人均非农业GDP（元/人）	28726.58	20424.31	40620.33	25142.37
pop	年末总人口（万人）	144.39	221.40	156.57	249.87

续表

变量	意义	2008 年		2012 年	
		均值	标准差	均值	标准差
napop	年末非农业人口（万人）	85.50	127.06	—	—
μ	生产服务业—制造业就业比	1.437	3.241	1.656	2.979
k	人均资本存量（元/人）	68357.64	41902.91	124672.30	74682.99
fdi	人均 FDI 存量（元/人）	5144.73	8141.48	7330.47	10577.76
cst	每万人大学生数（人/万人）	414.13	369.29	474.61	418.24
strt	人均城市道路面积（m^2/人）	9.47	6.17	11.82	7.16
bus	每万人公共汽车数（台/万人）	6.68	4.03	7.51	4.50
ε	零售额占全国地级市比例	0.00349	0.00764	0.00351	0.00728
lagrw	滞后期人均铁路运量（万吨/万人）	3.95	7.97	4.86	12.72
laghw	滞后期人均公路运量（万吨/万人）	15.12	17.11	25.42	21.99
lagboat	滞后期人均水运运量（万吨/万人）	2.37	6.84	3.38	10.21
lagair	滞后期人均航空运量（吨/万人）	35.57	179.77	53.48	255.31

数据来源：根据相关年份城市统计数据测算。

3.5　产业结构—城市规模协同效应的计量分析

3.5.1　全国地级城市面板数据回归

我们使用固定和随机效应模型中的 Hausman 检验确定面板模型设置。以市辖区总人口和市辖区非农业人口作为城市规模的两个方

程的 Hausman 检验统计量分别为 464.83 和 134.09，都在 P <
0.0001 的显著性水平下拒绝了个体效应与解释变量不相关的零假
设。因此，本章使用固定效应模型控制城市个体效应，保证参数估
计的一致性。表 3-3 首先报告 2003~2008 年两组固定效应模型的
参数估计，稍后报告方程 I 对 2003~2012 年样本的回归结果。

表 3-3 显示，方程 I 和方程 II 的估计结果，都与理论预期高
度相似。首先，扼要说明控制变量的参数估计。国内资本、FDI 和
人力资本的参数估计均显著为正。人均国内资本存量的弹性系数为
0.6380 和 0.6068，意味着物质资本投资仍然是中国城市经济发展
的主要驱动力，人均资本存量增加 1 个百分点，人均非农业产出增
长约 0.6 个百分点。人均 FDI 存量系数为 0.0423 和 0.0473，FDI
的作用似乎远比国内资本小。但是，表 3-2 中的样本均值表明，
2008 年 1% 的国内资本存量约为 680 元，0.6% 的人均产出为 170
元，所以，国内资本的边际产出为 0.25；而 1% 的 FDI 仅有 50 元，
带来的人均产出增长约为 13 元，FDI 的边际产出率与国内资本相
近。人均产出对每万人大学生数的弹性为 0.0305 和 0.0312，显示
了人力资本对经济发展的积极作用。此外，测度城市基础设施的两
个变量的参数估计也表明，城市的市政设施水平正向影响产业集聚
和城市经济发展。

表 3-3　　　　　2003~2008 年地级城市经济效率面板数据
固定效应回归结果

变量	回归方程 I，被解释变量 lnnagdp				回归方程 II，被解释变量 lnnagdp			
	参数估计	标准误差	t 值	P > |t|	参数估计	标准误差	t 值	P > |t|
lnpop	1.1944	0.3474	3.44	0.001				
(lnpop)²	-0.0958	0.0385	-2.49	0.013				
lnnapop					1.1276	0.2621	4.30	0.000
(lnnapop)²					-0.1148	0.0313	-3.67	0.000
μ	-0.1418	0.0623	-2.28	0.023	-0.1026	0.0237	-4.32	0.000

续表

变量	回归方程 Ⅰ，被解释变量 lnnagdp				回归方程 Ⅱ，被解释变量 lnnagdp			
	参数估计	标准误差	t 值	P > |t|	参数估计	标准误差	t 值	P > |t|
μlnpop	0.0376	0.0163	2.30	0.022				
μlnnapop					0.0406	0.0093	4.38	0.000
lnk	0.6380	0.0227	28.12	0.000	0.6068	0.0241	25.13	0.000
lnfdi	0.0423	0.0079	5.32	0.000	0.0473	0.0079	6.00	0.000
lncst	0.0305	0.0075	4.05	0.000	0.0312	0.0075	4.15	0.000
lnstrt	0.0482	0.0201	2.41	0.016	0.0368	0.0200	1.84	0.066
lnbus	0.0623	0.0210	2.96	0.003	0.0430	0.0209	2.06	0.040
lnε	0.0215	0.0311	0.69	0.490	0.0425	0.0311	1.37	0.172
lnlagrw	0.0020	0.0032	0.63	0.527	0.0051	0.0032	1.59	0.113
lnlaghw	0.0514	0.0164	3.13	0.002	0.0524	0.0164	3.19	0.001
lnlagboat	-0.0082	0.0046	-1.77	0.077	-0.0064	0.0046	-1.38	0.167
lnlagair	0.0055	0.0028	1.95	0.051	0.0052	0.0029	1.82	0.070
R^2 和样本	R^2 = 0.6651　样本数 = 1706				R^2 = 0.6644　样本数 = 1706			

注：实际计算中，使用去均值（mean-differenced）数据控制固定效应，所得的 R^2 是 within R^2。下同。

　　我们重点考察城市规模和生产性服务业—制造业比对城市经济效率的作用。方程 Ⅰ 和方程 Ⅱ 中，所有人口规模和产业结构指标的参数估计不仅显著，而且比较稳健。方程 Ⅰ 的参数估计意味着 $\partial(\text{lnnagdp})/\partial\mu = -0.1418 + 0.0376\text{lnpop}$，由此可知，中国城市从产业结构向服务业转型中获得效率的市辖区人口最低门槛规模大约为 43 万人，低于该门槛规模的中小城市，其服务业比重越高则城市经济效率越低，跨越了门槛规模的城市效率随服务业比重增长而提高。2008 年，中国城市市辖区平均人口规模为 144.39 万，见表 3 - 2，因此平均规模的城市中，生产性服务业对制造业的比值上升 0.1，则人均非农业产出将增加约 0.45%。方程 Ⅱ 的参数也表明，$\partial(\text{lnnagdp})/\partial\mu = -0.1026 + 0.0406\text{lnnapop}$，产业结构对生产率的影响因非农人口规模大小而异，市辖区非农业人口门槛规模约为

12.5万人。我们发现，2008年小于这一规模的所有城市人均非农产出都低于全国平均水平，其中，陇南、定西、固原、临沧、保山、昭通等城市人均GDP甚至小于1万元，而 μ 值都高于全国均值。服务业比重高的小城市效益反而低的原因在于其规模过小，无法为任何产业的集聚提供有效支撑，而且这些中小城市的制造业普遍比较落后，大量劳动力只能流向一些无法与制造部门产生实际关联效应的低附加值服务业。相反，大城市能容纳较大规模的各行各业，即使制造业部门相对份额较低，自身的绝对规模也足以实现规模经济，并且能够与上游服务业形成有效的关联进而从中间产品的本地市场效应中获益。2008年，全国城市市区非农人口的均值为85.50万人，此时产业结构对生产率的边际作用 $\partial(\text{lnnagdp})/\partial\mu = 0.078$，大于方程 I 的估计值。由于使用非农人口低估了城市中实际参与非农业经济活动的人数，而使用市区总人口则高估了城市规模，故产业结构 μ 提高0.1带来的人均产出增长在 0.45% ~ 0.78%。总之，产业结构调整对于平均规模的城市生产效率的提升具有显著贡献。城市规模越大，产业升级对经济发展的促进作用也越大。

我们再分析城市规模对城市经济效率的影响。利用方程 I 的参数估计值可以进一步得到 $\partial(\text{lnnagdp})/\partial(\text{lnpop}) = 1.1944 - 0.1916\text{lnpop} + 0.0376\mu$。显然，城市规模扩张的边际收益不仅受城市规模影响，而且随着产业结构 μ 的上升而增加。2008年，中国城市生产服务业—制造业结构比例 μ 的均值为 1.437，代入上式可以算出具有平均产业结构比例水平的城市人均产出最大化的规模约为675万人，远高于当年中国地级市市辖区总人口的平均规模。从方程 II 的估计中，可得到类似的结论。$\partial(\text{lnnagdp})/\partial(\text{lnnapop}) = 1.1276 - 0.2296\text{lnnapop} + 0.0406\mu$，2008年平均 μ 值的城市，非农业人口最优规模约为175万人，为当年非农业户籍人口均值的2倍。这与此前的一些研究结果（如前述王小鲁等）相似。至2012年末，地级市市辖区总人口的均值仍然在156.57万人，非农业人口显然更低。由于中国大部分城市仍然没有达到最优规模，因此在今后一个较长时期，在农业人口城市化的过程中，需要有序地推进人口和产业向中小城市集聚，不仅要促使这些城市跨越门槛规模，而且应特别关注城市规模与产业结构相匹配，实现城市规模最优化。但是，也不难发现一些特大城市的规模可能已经过大。例如，2008 年北京的两大产业结构比例 $\mu = 2.972$，理论上市区总人口的最优规模约为 910 万人，可是 2008 年常住人口实际规模已达 1771 万人。对于此类城市，调整产业结构是提升城市经济效率的一个重要途径。同时值得指出，由于行政管理中心城市具有超越本地区的管理职能，其最佳规模难免大于同等经济效率的非行政管理中心城市。因此，北京和各省会级城市的最佳规模，理应大于产业结构比例相似的地级城市。

回归方程中，几个相关变量对城市经济效率的综合作用表现得比较复杂。为了更直观地认识生产性服务业—制造业比和城市规模对城市生产率的非线性协同作用，我们根据方程 Ⅱ 的参数估计绘制三变量曲面图，见图 3 - 4。其他的解释变量只影响方程的截距，因而可以从图 3 - 4 中略去。易于看出，lnnagdp 随 μ 值的变化而变化，如果城市规模 lnnapop 很小，lnnagdp 随 μ 值的增大（向图面左方）而下降，但是，当 lnnapop 较大时，lnnagdp 随 μ 值增大而上升。在另一维度，给定一个 μ 值，lnnagdp 随着 lnnapop 的增长呈倒"U"型变化，而且，倒"U"型曲线顶部所代表的城市最优规模随 μ 值的增长而上升。

表 3 - 3 的回归估计还显示，本地市场份额在两个方程中都不太显著。考虑到 ε 在历年间的变异程度很小（表 3 - 2 中两年均值相近），因此，用除均值法估计参数的误差较大，但 ε 系数符号与理论相符，即本地最终消费需求的增长会导致生产部门以更高的比率增长，从而带动地区经济的发展。最后，测度地区间运输成本的一组变量具有不同的显著程度，人均公路货运量的影响最为显著，

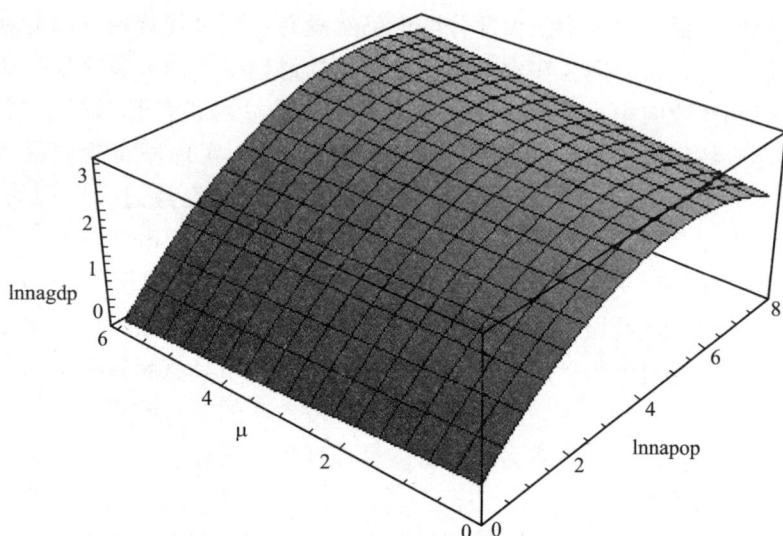

图 3 - 4　中国城市产业结构—城市规模协同效应回归拟合曲面

并且两组回归的结果非常稳健，而铁路运输和水路运输的影响则表现得不太稳定，特别是水运指标在两个方程中都为负，表明水运对城市经济的作用随着其他现代交通运输的发展而日趋减弱；两个方程中，航空运输都在10%的显著性水平下通过了检验，选择空运的产业应生产高附加值产品，而城市输出的高价值产品越多，意味着其经济发展水平越高。

　　由于中国经济的高速发展，2012 年城市人均非农业产出、城市规模、生产性服务业—制造业就业比例，以及资本和 FDI 存量等指标与 2008 年相比都发生了显著增长，见表 3 - 2。遗憾的是，我们无法获得 2009～2012 年期间的城市非农业人口数据（中国近年来一直在积极推进户籍改革，2014 年《国务院关于进一步推进户籍制度改革的意见》中提出取消农业户口与非农业户口性质区分），未能形成可比的实证结果。为此，我们单独以 2003～2012 年市辖区年末总人口数据估计了表 3 - 3 的方程 I，列于表 3 - 4。表 3 - 4

的结果中，除 $\ln\varepsilon$ 更加不显著且符号发生变化以外，其余控制变量都与表 3 – 3 中方程 I 基本相似，不再赘述。由产业结构一次项和结构—规模交叉项计算的门槛规模为 42 万人，也与表 3 – 3 中的市辖区总人口方程估计结果高度一致。令人意外的是，城市规模—效率倒 "U" 型曲线的顶点规模过高，如前所述，从事城市经济活动的人口的准确测度，应介于总人口和非农业户籍人口之间。

表 3 – 4　　　　　2003 ~ 2012 年地级城市市区总人口面板
数据固定效应回归结果

变量	参数估计	标准误差	t 值	P >	t	
lnpop	0.8734	0.2221	3.93	0.000
(lnpop)^2	– 0.0619	0.0231	– 2.68	0.007
μ	– 0.0303	0.0175	– 1.73	0.083
μlnpop	0.0081	0.0043	1.89	0.059
lnk	0.5710	0.0137	41.79	0.000
lnfdi	0.0676	0.0066	10.24	0.000
lncst	0.0226	0.0046	4.90	0.000
lnstrt	0.0517	0.0157	3.29	0.001
lnbus	0.0481	0.0145	3.33	0.001
$\ln\varepsilon$	– 0.0078	0.0224	– 0.35	0.728
lnlagrw	0.0035	0.0027	1.29	0.198
lnlaghw	0.0389	0.0098	3.96	0.000
lnlagboat	– 0.0089	0.0030	– 3.02	0.003
lnlagair	0.0021	0.0019	1.06	0.288
R^2 和样本	$R^2 = 0.7897$　样本数 = 2848			

3.5.2　全国县级城市面板数据回归

在中国城市现有的行政等级体制下，县级城市和地级城市的经济结构和职能特征存在较大差异，为了研究结果的完整性，本章最后对县级城市的情形作一简要讨论。我们使用 2003～2008 年 366 个县级城市的数据估计方程（3－18）。城市生产效率仍然以人均非农业 GDP 测度，城市规模使用当地户籍总人口，本地市场份额是各县级市商品批发零售贸易额占全国所有城市（包括地级市）的比例。由于数据的可得性，县级市资本存量计算如下：假设各县级市 2000 年投资—存量比与所在省区市投资—存量比相同，则县级市 2000 年资本存量的估计值等于 $I_c(K_{pf} + K_{pw})/I_p$，式中 K_{pf}、K_{pw} 和 I_p 分别是 2000 年各省区市工业企业固定资产、流动资产和固定资产投资，I_c 是各县级市的固定资产投资，后续年份以及 FDI 存量的测算方法与地级市一致。县级市基础设施以《中国城市建设统计年鉴》提供的人均道路面积和每万人公共汽车数来测度。此外，县级市没有各行业细分就业、在校大学生数和货运量等指标，我们依次以第三产业—第二产业就业人数之比、每万人在校中学生数、城市人均对外交通用地作为产业结构、人力资本和城市间交易成本的代理变量。相关变量 2008 年的描述统计量，见表 3－5。

表 3－5　　　　2008 年中国县级城市截面数据的描述统计量

变量	意义	均值	标准差	最小值	最大值
nagdp	城市人均非农业 GDP（元/人）	20360.93	19714.88	1812.02	184538.80
pop	城市人口（万人）	66.45	37.23	4.70	223.90
μ	第三产业—第二产业就业比	2.419	3.721	0.092	35.973
k	人均国内资本存量（元/人）	26527.84	21311.38	2951.25	184336.60
fdi	人均 FDI 存量（元/人）	3757.50	7590.22	0.001	90460.66
mst	每万人在校中学生数（人/万人）	602.25	151.40	249.98	1250.59
strt	人均城市道路面积（m²/人）	14.16	6.67	2.67	45.95
bus	每万人公共汽车数（台/万人）	5.86	4.35	0.001	36.29
ε	批发零售贸易额占全国城市比重	0.00016	0.00035	0.0000002	0.00442
trans	人均对外交通用地（m²/人）	1.779	2.655	0.014	27.382

数据来源：根据相关年份城市统计数据测算。

表 3 - 6 报告了县级城市面板数据固定效应回归结果。显而易见，给定 μ 值，lnnagdp 随着 lnpop 的增长呈正"U"型变化，这一结果不仅与地级城市相反，也与之前的许多城市理论模型预期相异。县级市人均非农业产出对城市规模的偏弹性 ∂(lnnagdp)/∂(lnpop) = - 0.7002 + 0.3074lnpop + 0.0013μ，意味着当城市人口很少时，城市经济效率随着城市规模增长而降低，当城市规模跨过某一临界值以后，城市效率才随着规模增长而增加。2008 年，县级市 μ 的均值为 2.419，因此产业结构处于平均水平的城市其正"U"型曲线最低点规模约为 9.66 万人。2008 年，中国仅有 8 个城市总人口规模不超过 9.66 万人，所有其他县级市均处于"U"型的上升通道，人均产出随城市规模增加而增加。中国县级市的平均规模不到地级城市均值规模的一半，最大的县级市有 223.9 万人，小于地级城市的总人口最优规模，因此，县级市规模普遍偏小，存在进一步集聚、增长的空间。

表 3 - 6　　2003 ~ 2008 年县级城市经济效率面板数据
固定效应回归结果

变量	参数估计	标准误差	t 值	P > |t|
lnpop	- 0.7002	0.2636	- 2.66	0.008
(lnpop)^2	0.1537	0.0413	3.72	0.000
μ	- 0.0074	0.0069	- 1.08	0.280
μlnpop	0.0013	0.0019	0.69	0.491
lnk	0.4337	0.0142	30.49	0.000
lnfdi	0.1507	0.0090	16.83	0.000
lnmst	- 0.0270	0.0325	- 0.83	0.407
lnstrt	0.0968	0.0175	5.55	0.000
lnbus	0.0093	0.0112	0.83	0.407
lnε	- 0.0151	0.0063	- 2.39	0.017
lntrans	- 0.0169	0.0093	- 1.83	0.068
R^2 和样本	R^2 = 0.6343　样本数 = 2193			

另外，县级市回归结果没有表现出显著的产业结构效应，参数绝对值很小，并且从数值上看 $\partial(\text{lnnagdp})/\partial\mu = -0.0074 + 0.0013\text{lnpop}$，临界值将近 300 万，意味着没有任何县级市从高服务业比重的产业配置中获得经济效率。检验结果反映了中国绝大部分县级城市尚未形成足够规模的制造业，生产服务业与制造业的关联效应无从发挥。统计显示，若不计昆山、江阴、张家港、常熟等少数高度发达的东南沿海县级市，全国其余县级市第二产业规模远不足地级市的 1/3。这些县级市处于工业化前期，尚未形成工业与生产服务业有效关联的地方经济，第三产业多是规模小、技术低的日常生活服务业。据中国第六次人口普查数据，在 2000～2010 十年间，中国乡村人口减少 1.33 亿人。相当一部分剩余农业人口进入了本地区的县级市，从事低端服务业。因此，多数县级市更为迫切的战略任务，是根据自身区位和资源比较优势有选择地承接和发展第二产业。

3.6 本章小结

本章构建了一个生产性服务业—制造业关联的城市集聚效益模型，分析了产业结构和城市规模对中国城市经济效益的协同影响机制，估计与产业结构相适应的最优城市规模以及在城市规模约束下产业结构转变的边际效益。使用地级及以上城市的面板数据回归结果显示，生产性服务业—制造业部门结构对城市人均产出的影响取决于城市规模，中国城市从产业结构转变中获得产出效率增长的门槛规模以市区总人口测度大约为 43 万人、以市区非农人口测度是 12.5 万人，低于门槛规模的城市无法使存在上下游关联的众多产业同时实现集聚经济，因而服务业比例的增长不利于提高城市经济效率。跨越了门槛规模的城市可以从制造业向生产性服务业转型中获得效率的提升，平均规模的城市生产性服务业—制造业结构比例提高 0.1 带来的人均产出增长在 0.45% ~ 0.78%，并且城市规模越大，从中间产品的本地市场效应中获得的集聚收益越高。随着城市规模的增长，城市人均产出率呈现倒 "U" 型变化，先逐渐增加，达到某一最优值后开始下降。城市规模增长的边际收益（即倒 "U" 型曲线）随产业结构向服务业转变而提高。若以中国所有地级城市的生产性服务业—制造业比例均值为基准，地级城市平均最优规模以市区总人口估计约为 675 万，以非农业户籍人口估计约为 175 万人，实际最优值在二者之间，并随产业结构动态变化。依此估计，当前中国大部分地级及以上城市的规模仍小于最优规模。地级及以上城市市辖区集中了中国非农业经济总量的 2/3，且在各地区发挥着经济中心的作用，这些城市的经济效率很大程度上决定了中国经济的效率。由于这些城市的规模普遍偏小，扩大城市规模有利于提高集聚经济效益，同时也有利于地级市在城市体系中发挥应有的中枢和骨干作用。

本章的结果还表明，尽管县级城市的职能定位决定了其规模远小于地级市市辖区，但县级市在进一步推进人口集聚，尤其是吸收周边地区农业人口上同样拥有巨大的潜力。另外，县级城市第三产业和第二产业尚未形成有效关联，简单地扩大第三产业难以提高城市经济效率。

根据本章的理论分析和检验结果，在当前调结构、促发展的大背景下，不同类型的城市和地区需要推行不同的发展战略：

第一，经济发达的大城市，需要积极培育对生产性服务有更多需求的高附加值产业，向外转移标准化的、不能带来更多集聚收益的成熟产业，一些特大城市已经超过最佳规模，只有控制规模或进一步提升生产性服务业—制造业结构才能提高经济效率。当前，中国若干最发达的大城市向现代高级服务业的转型，不仅可以提高自身经济效益，而且可以促进中小地级城市和县级城市的工业化，形成专业化分工的城市群。

第二，欠发达地区应该有序地推动人口和产业的集聚，扩大城市规模，积极从发达地区的大城市承接制造业，吸收滞留在低端服务业的额外劳动力，促进制造业与生产性服务业之间的关联效应。由于产业结构与城市规模的协同作用机制，成熟制造业的转移不仅应该是自东向西的区域梯度转移，同时也是从特大城市到未达到最优规模的中小规模城市的规模梯度转移，其中，还包含从区域中心地级市向外围县级城市的转移。

第三，国家层面的政策应考虑利用当前和今后一个时期农业人口城市化的历史机遇，把发展现有中小规模城市作为中国城市体系发展的一个重点，设计倾斜政策，引导非农产业和剩余农业人口向地级中心城市及其周边县级城镇集聚，在各地形成以地级城市为核心的地方性城市群，使其成为中国城市体系的基层结构，以取代在自然经济基础上形成的大量小城镇。其结果不仅能提高经济效率，而且还将使更多的人口参与现代经济活动、分享大城市所提供的各类保障和发展机会。

城市规模、城市密度对生产率
影响的关联性和差异性

　　第3章中对城市规模和城市产业配置影响城市宏观经济效率的
理论机制和实际效应进行了比较系统地探索和分析。然而，如第
2.2节和第2.4节所述，城市集聚效应既可以用人口和就业集聚的
规模（size）测度，也可以用人口和就业集聚的密度（density）刻
画，而集聚密度在中国城市的作用与欧美经验结果之间存在显著差
异，这一差异的来源迄今尚未得到充分解释。城市的集聚规模与集
聚密度在概念和测度上都是两个相互关联却有差别的因素，规模和
密度导致的集聚经济和不经济未必会一致变化。虽然中国城市规划
建设条例对不同规模城市的人均用地有所限制，但是城市用地的部
分市场化和地方政府对土地财政的依赖，使得许多城市的用地远远
突破了以往条例的规定。城市人口和空间规模与城市集聚密度往往
并不同步。即使是规模较小的城市，其经济活动的集聚仍有可能已
过于密集，阻碍城市生产率的持续提升，而城市人口分布过于分散
化则造成城市蔓延，不利于土地的集约使用。推进城市化和城市体

系建设不仅需要城市规模分布的优化，也需要人口在各个城市内部密度分布的优化。因此，在第3章研究的基础上，本章进一步将城市密度与城市规模的作用纳入一个统一的框架，分析二者对城市效率的不同作用及其关联，检验给定城市规模条件下城市的适宜密度，以及不同类型城市的最优密度如何因其他经济因素的改变而变化。

本章主要内容安排如下：第4.1节对第3.3节的城市集聚模型进行调整，推导城市效率—密度曲线，并将其与城市效率—规模曲线进行对比；第4.2节设置一个与理论预期一致的计量模型，并构建相应的变量指标；第4.3节报告并讨论主要实证结果；第4.4节是本章小结。

4.1 城市规模和城市密度影响 城市生产率的理论机制

已有文献对集聚密度的研究，普遍基于西科恩和霍尔（Ciccone，Hall，1996）模型，但该模型假定产出和就业在城市中均匀分布，忽略了城市内部的通勤结构，只是在生产函数中引入一个表征报酬递减的指数，并未提供集聚不经济的微观来源，因此难以从理论上演绎出一个非线性变化的效率—密度曲线。本节将构建严格的理论模型，揭示城市规模和密度增长共同导致的集聚经济和拥堵不经济的相对变化规律，以此来分析二者对于产出效率的非线性作用机制。

4.1.1 城市的通勤结构

本章对城市结构的分析，以拉赫曼和阿拉斯（Rahman，Anas，

2004）的圆形城市结构为基础，假设生产集中在中央商务区（CBD），总数为 N 的劳动人口在 CBD 周围均匀居住，每一人口拥有一单位时间的劳动力禀赋。劳动力所能提供的有效劳动时间，取决于在通勤过程中的损耗，这种损耗由居住地与 CBD 之间的通勤距离和单位距离的通勤时间 t 决定。与已有文献不同，本章取消圆形城市模型中每人固定居住一单位面积土地的假定，用变量 D 表示劳动人口的分布密度。当城市面积恒定（于是每个原有劳动者的通勤距离保持不变）而城市密度增加时，新增人口可能通过两方面导致城市总通勤成本的变化：第一，新增人口产生的通勤时间；第二，城市所有人口承受的新增人口的负外部性，这种负外部性源于增加额外通勤者使整个城市的道路负荷增加、通勤效率降低（O'Sullivan，2012）。不妨设密度增加导致的边际负外部性为 θ，即 $dt/dD = \theta$，则有 $t = f(D) = t_0 + \theta D$。

给定总人口和密度，城市半径 $\bar{r} = \sqrt{N/\pi D}$。因劳动者最长通勤时间不超过其时间禀赋，居住在城市边界的劳动力通勤时间必须小于 1，故有边界约束条件：$\pi^{-1/2}N^{1/2}(t_0 D^{-1/2} + \theta D^{1/2}) < 1$。城市总通勤时间成本 $\int_0^{\bar{r}} 2\pi r D t r dr = \frac{2}{3}\pi^{-1/2}D^{-1/2}f(D)N^{3/2}$。扣除通勤时间，城市总有效劳动力是：

$$L = N\left(1 - \frac{2}{3}\pi^{-1/2}(t_0 D^{-1/2} + \theta D^{1/2})N^{1/2}\right) \qquad (4-1)$$

根据边界约束条件，有效劳动力对城市人口规模的偏导数总是大于 0，而城市密度的影响则是双重的：一方面，给定人口规模，城市密度增加可以减少经济活动的通勤距离，因而降低通勤损耗（$t_0 D_i^{-1/2}$ 减小）；另一方面，城市拥挤程度增加可能增大单位距离的通勤成本，导致通勤损耗增加（$\theta D^{1/2}$ 增大）。

4.1.2 生产结构和城市均衡

与第 3.3.1 小节类似，假设城市有两大产业部门，生产消费品的制造业（y）和为制造业提供中间产品或服务的生产性服务业（x）。制造业产品可以在城市间自由贸易而服务业产品是地方化的。为简化讨论，本章沿用拉赫曼和藤田（Rahman，Fujita，1990）与杜兰顿和普加（Duranton，Puga，2004，2005）等处理方法，假设制造业部门完全竞争且规模报酬不变，所有城市对本地制造业产品具有相同偏好，因此，本市的总生产函数可以用一个代表性制造业厂商的生产函数来表示：

$$Y = L_Y^\alpha K_Y^\beta \left\{ \int_0^n \left[x(h) \right]^\rho dh \right\}^{\gamma/\rho} \tag{4-2}$$

其中，$\alpha + \beta + \gamma = 1$，$L_Y$、$K_Y$ 分别表示制造业生产消耗的劳动力和资本，$x(h)$ 表示某一中间产品 h 的使用量。每一服务业厂商提供一种差异化的服务品，$0 < \rho < 1$ 测度中间服务之间的差异化程度：当 ρ 趋近 1 时，服务品趋于完全替代，随着 ρ 降低，服务品的异质程度上升。服务品的替代弹性 $\sigma = 1/(1 - \rho)$。参数 n 是以厂商数量表征的服务业部门规模。为简化起见，我们将制造业产品的价格单位化为 1，因此，Y 在数值上等于城市总产值。

设服务业厂商具有规模报酬递增特征，厂商 h 的成本函数可以表示为：

$$C_x(h) = D^{-\varepsilon} w^{1-\delta} r^\delta \left[cx(h) + f \right] \tag{4-3}$$

其中，c 和 f 分别是生产中间服务的边际投入和固定投入，w 和 r 是城市的均衡工资率和资本收益率。因为单位面积劳动力数量增加有利于促进劳动力之间的交流，从而推动隐性知识的扩散，降低差异化服务业厂商的生产成本，我们引入技术函数 $D^{-\varepsilon}$ 反映城市集聚密度增加带来的正外部性，参数 $\varepsilon > 0$ 测度这种正外部性的大小。根据标准的垄断竞争模型，每一中间厂商面对的总需求为：

$$x(h) = \gamma Y G^{\sigma-1} p(h)^{-\sigma} \qquad (4-4)$$

其中，$p(h)$ 表示该中间服务的价格，$G = \left\{ \int_0^n [p(h)]^{1-\sigma} dh \right\}^{1/(1-\sigma)}$ 为城市中间服务的价格指数。假设很多厂商共存、单个厂商的定价不影响价格指数，由利润最大化的一阶条件得到服务业厂商的成本加成定价：

$$p(h) = p = \frac{\sigma c}{\sigma-1} D^{-\varepsilon} w^{1-\delta} r^{\delta} \qquad (4-5)$$

均衡时所有服务品同价，因此价格指数仅取决于本地服务业厂商的数目：

$$G = \frac{\sigma c}{\sigma-1} D^{-\varepsilon} w^{1-\delta} r^{\delta} n^{1/(1-\sigma)} \qquad (4-6)$$

因为 $1-\sigma < 0$，所以以厂商数量表示的中间服务业部门规模越大，价格指数也越低，下游制造业部门将因共享中间产品带来的规模经济而降低生产成本。

服务业厂商的自由进入，使得均衡时垄断利润降为 0，从而：

$$x(h) = x = (\sigma-1) f/c \qquad (4-7)$$

服务业部门总产值 $npx = \gamma Y = n\sigma f D^{-\varepsilon} w^{1-\delta} r^{\delta}$，全市劳动力总收入 $wL = [\alpha + \gamma(1-\delta)]Y = (1 - \beta - \delta + \alpha\delta + \beta\delta)Y$，资本总报酬 $rK = (\beta + \gamma\delta)Y = (\beta + \delta - \alpha\delta - \beta\delta)Y$，于是，服务业部门规模：

$$n = \frac{\gamma D^{\varepsilon}(w/r)^{\delta}}{(1 - \beta - \delta + \alpha\delta + \beta\delta)\sigma f} L \qquad (4-8)$$

注意到 $L_Y = \alpha L/(1 - \beta - \delta + \alpha\delta + \beta\delta)$ 和 $K_Y = \beta K/(\beta + \delta - \alpha\delta - \beta\delta)$，均衡时要素价格之比等于要素边际替代率之比，因此，$w/r = [(1 - \beta - \delta + \alpha\delta + \beta\delta)/(\beta + \delta - \alpha\delta - \beta\delta)](K/L)$，将上述关系式与式（4-7）和式（4-8）代入式（4-2）整理得到：

$$Y = B_1 B_2^{\gamma} \gamma^{\gamma/\rho} D^{\varepsilon\gamma/\rho} K^{\beta + \delta\gamma/\rho} L^{\alpha + (1-\delta)\gamma/\rho} \qquad (4-9)$$

其中，B_1 和 B_2 均为复合常数（即，$B_1 = \alpha^{\alpha} \beta^{\beta} (1 - \beta - \delta + \alpha\delta + \beta\delta)^{-\alpha} (\beta + \delta - \alpha\delta - \beta\delta)^{-\beta}$ 和 $B_2 = [(1 - \beta - \delta + \alpha\delta + \beta\delta)^{1-\delta}(\beta + \delta -$

$\alpha\delta - \beta\delta)^{\delta}\sigma f]^{-1/\rho}(\sigma - 1)f/c)$。由于 $\beta + \alpha + \gamma/\rho > 1$，所以多样化的中间服务业厂商集聚导致城市总生产函数表现出规模报酬递增。

4.1.3 城市效率—规模曲线和效率—密度曲线

我们用城市人均产出 $\varphi = Y/N$ 来测度城市生产效率，将式 （4 – 1） 代入式 （4 – 9），整理得到：

$$\varphi = B_1 B_2^{\gamma} \gamma^{\gamma/\rho} k^{\beta + \delta\gamma/\rho} D^{\varepsilon\gamma/\rho} N^{\gamma(1/\rho - 1)}$$

$$\left(1 - \frac{2}{3}\pi^{-1/2}(t_0 D^{-1/2} + \theta D^{1/2})N^{1/2}\right)^{\alpha + (1-\delta)\gamma/\rho} \qquad (4-10)$$

式 （4 – 10） 表明，城市经济效率取决于城市劳动力规模 N、劳动力密度 D、城市服务业部门比重 γ 和人均资本存量 $k = K/N$。将式 （4 – 10） 分别对 N 和 D 求导，简记 $F(D) = \pi^{-1/2}(t_0 D^{-1/2} + \theta D^{1/2})/3$ 和 $F(N) = \pi^{-1/2}N^{1/2}/3$ 得到：

$$\frac{\partial\varphi}{\partial N} = \frac{\varphi}{\rho N}\left\{(\gamma - \rho\gamma) - (\rho\alpha + \gamma - \delta\gamma)\frac{F(D)\sqrt{N}}{1 - 2F(D)\sqrt{N}}\right\}$$

$$(4-11)$$

$$\frac{\partial\varphi}{\partial D} = \frac{\varphi}{\rho D}\left\{\varepsilon\gamma - (\rho\alpha + \gamma - \delta\gamma)\frac{F(N)(\theta D - t_0)}{\sqrt{D} - 2F(N)(\theta D + t_0)}\right\}$$

$$(4-12)$$

由式 （4 – 11） 可知，当 $N < [(\gamma - \rho\gamma)(3\gamma - 2\rho\gamma - \delta\gamma + \rho\alpha)^{-1}F(D)^{-1}]^2$ 时，城市效率随人口规模的增长而增长，当 $N > [(\gamma - \rho\gamma)(3\gamma - 2\rho\gamma - \delta\gamma + \rho\alpha)^{-1}F(D)^{-1}]^2$ 时，城市效率随人口规模的增长而减少，城市效率—规模曲线表现出倒 "U" 型特征，最优规模在 $N = [(\gamma - \rho\gamma)(3\gamma - 2\rho\gamma - \delta\gamma + \rho\alpha)^{-1}F(D)^{-1}]^2$ 处实现。显然，城市的最优规模并非一个固定值，而是随城市生产性服务业部门比重和城市密度而动态变化。城市最优规模随服务业比重变化而改变，这与第 3 章的结果一致。

城市密度的影响较为复杂，由式（4 - 12）可知：

$$\frac{\partial \varphi}{\partial D} = \begin{cases} <0, & D < \left\{ \dfrac{1 - \sqrt{1 - 4\theta t_0 [4 - F(\gamma)^2] F(N)^2}}{2\theta [2 + F(\gamma)] F(N)} \right\}^2 \\[2em] >0, & \left\{ \dfrac{1 - \sqrt{1 - 4\theta t_0 [4 - F(\gamma)^2] F(N)^2}}{2\theta [2 + F(\gamma)] F(N)} \right\}^2 < \\[2em] & D < \left\{ \dfrac{1 + \sqrt{1 - 4\theta t_0 [4 - F(\gamma)^2] F(N)^2}}{2\theta [2 + F(\gamma)] F(N)} \right\}^2 \\[2em] <0, & D > \left\{ \dfrac{1 + \sqrt{1 - 4\theta t_0 [4 - F(\gamma)^2] F(N)^2}}{2\theta [2 + F(\gamma)] F(N)} \right\}^2 \end{cases}$$

$$(4 - 13)$$

其中，$F(\gamma) = (\rho\alpha + \gamma - \delta\gamma)/(\varepsilon\gamma)$。这一结果意味着，当城市人口密度从一个很低的值开始增加，城市效率最初是随之减少的，直到密度跨越了某一门槛值以后才随之增加，而当人口密度超过其最优水平后，城市效率曲线又进入下降通道。密度在本章模型中，通过三个途径影响城市效率。三个途径中包含两个正效应：第一，减少既定人口下的通勤距离，增加城市有效劳动力供给，从而通过式（4 - 8）的中间部门规模经济推动城市生产效率提升；第二，增加劳动力交流的可能性，从而增加多样化中间厂商的技术外溢，使中间部门获得更多递增收益。三个途径中还有一个负效应：增加城市单位距离的拥挤程度，对通勤造成负的外部性，从而增加所有劳动者的单位距离通勤时间，减少城市有效劳动力供给。正效应和负效应的变化都是非线性的，只有当密度超过某一临界值后集聚的正效应才能有效发挥，在此之前的集聚经济无法抵消推动集聚的成本；而当集聚的密度过高时，负效应开始迅速增长，从而抑制了集聚净效应的进一步增加。城市的最佳密度也不是一个固定值，而是随城市生产性服务业部门比重和城市规模而动态变化。图 4 - 1 简要刻画了城市的规模—效率曲线（左图）和密度—效率曲线（右图）。

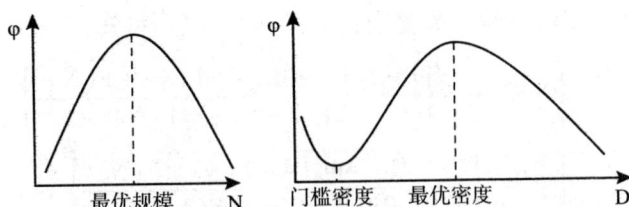

图4-1 城市的效率—规模曲线和效率—密度曲线

4.2 计量模型和变量指标

根据式（4-10）及比较静态分析式（4-11）和式（4-12），反映城市规模、密度和效率三者间理论作用机制的基本实证模型可以表述为：

$$\ln\varphi = \beta_0 + \beta_1 \ln N + \beta_2 (\ln N)^2 + \beta_3 \ln D + \beta_4 (\ln D)^2 + \beta_5 (\ln D)^3$$
$$+ \beta_6 \ln N \ln D + \beta_7 \gamma + \beta_8 \gamma \ln N + \beta_9 \gamma \ln D + \beta_{10} \ln k + u$$

$$(4-14)$$

城市规模和密度的高次项用来反映图4-1所示的非线性关系，交叉项刻画二者的相互作用。注意到式（4-13）描述的效率—密度曲线存在两个局部极值点，分为正"U"型变化和倒"U"型变化两个阶段，因此估计结果应当满足 $\beta_3 < 0$，$\beta_4 > 0$ 且 $\beta_5 < 0$。同时，由于城市规模和密度的边际贡献都与城市中生产性服务业的份额 γ 相关，因此方程（4-14）中包含了两个交叉项 $\gamma \ln N$ 和 $\gamma \ln D$。然而，方程（4-14）有9个变量均基于城市规模、城市密度和服务业比重构造，在实际估计中难以避免共线性问题。当变量之间共线程度较高导致参数估计稳定性严重下降时，个别不显著的变量将被剔除。

　　为保持参数估计结果的可比性，我们在式（4-14）中引入一组与模型（3-18）一致的控制变量，包含城市的物质资本和 FDI、人力资本、基础设施水平、消费市场份额以及运输成本。参数估计使用的样本为 2003~2012 年十年期间 286 个地级及以上城市的面板数据（由于数据可得性原因，未包括拉萨市的相关数据和 2011~2012 年新增的铜仁市、毕节市和三沙市的相关数据），主要数据来源于 2004~2013 年《中国城市统计年鉴》。城市规模以市辖区年末总人口测度，并对北京、上海、广州、深圳等落户门槛较高，实际常住人口与户籍人口差异较大的城市依据当地统计年鉴的人口统计数据进行了调整；城市密度以建成区单位面积人口数测度。与第 3 章类似，城市生产性服务业份额 γ 使用市辖区生产性服务业（投入产出表 3-1 中制造业消耗系数较高的交通运输、仓储及邮政业，批发和零售业，金融业，租赁和商务服务业，住宿和餐饮业，科学研究、技术服务和地质勘查业，信息传输、计算机服务和软件业 7 个行业加总）与制造业的相对就业比例测算。城市生产率 φ 以各城市人均非农业 GDP 测度，并以各省区市城市居民消费价格指数折算为以 2000 年为基期的实际值。城市资本和 FDI 存量以 2000 年为基期的永续盘存法估算，再除以城市人口得到人均资本和 FDI 占有量。城市人力资本用市辖区每万人在校大学生数作为代理变量；城市基础设施用地级市市辖区的人均道路面积和每万人公共汽车数测度。城市本地市场份额使用各城市以 2000 年为基期的商品零售额占全国地级市总额的比例。城市间交易成本采用铁路、公路、水运、民航等细分的人均货运量指标间接测度，并使用滞后一年的数据减轻城市运输随城市经济发展而增长的内生性。表 4-1 是相关变量 2012 年的描述统计，含零值的变量加上一个比该变量最小值还小的量（如 0.001 和 0.00001）避免无法取对数造成的数据缺失。之前各年同变量的描述统计量分布与此相似，多数变量均值稍低于 2012 年的均值。

表 4-1　　　　　2012 年中国地级及以上城市描述统计量

变量	意义	均值	标准差	最小值	最大值
nagdp	人均非农业 GDP（元/人）	40620.33	25142.37	5725.26	194371.40
pop	市辖区年末总人口（万人）	156.57	249.87	15.10	2380.43
den	建成区人口密度（人/km²）	13930.96	8927.29	1962.69	77498.13
γ	生产服务业—制造业就业比	1.656435	2.978548	0.09535	27.66667
k	人均资本存量（元/人）	124672.30	74682.99	17683.71	565905.10
fdi	人均 FDI 存量（元/人）	7330.47	10577.76	0.001	76744.96
cst	每万人大学生数（人/万人）	474.61	418.24	0.001	2165.01
strt	人均城市道路面积（m²/人）	11.82	7.16	0.59	76.81
bus	每万人公共汽车数（台/万人）	7.51	4.50	0.50	20.81
ε	零售额占全国地级市比例	0.00351	0.00728	0.000035	0.06687
lagrw	滞后期人均铁路运量（万吨/万人）	4.86	12.72	0.00001	141.21
laghw	滞后期人均公路运量（万吨/万人）	25.42	21.99	2.23	191.81
lagboat	滞后期人均水运运量（万吨/万人）	3.38	10.21	0.00001	138.87
lagair	滞后期人均航空运量（吨/万人）	53.48	255.31	0.00001	2944.01

数据来源：根据相关年份城市统计数据测算。

4.3　城市规模和城市密度影响城市生产率的计量分析

4.3.1　城市面板数据固定效应回归结果

面板模型的 Hausman 检验在 1%显著水平下拒绝了城市个体效应与解释变量不相关的零假设，因此我们使用除均值法控制城市的固定效应，得到表 4 – 2 所示的参数估计结果。表 4 – 2 中，方程 I 是实证分析的核心结果，方程 II ～方程 IV 基于理论模型增减了部分变量，与方程 I 形成对比。方程 III 显示，在模型中加入城市密度的三次项会导致比较严重的共线性，使城市密度的三个变量均不显著；而方程 IV 表明，在模型中加入人口密度—产业结构交叉项使得与 γ 相关的变量都无法通过 10% 以下的统计显著性检验，并且变量 γlnden 的 P 值高达 0.826，意味着控制城市规模与生产性服务业—制造业结构的影响之后，城市密度与产业结构并未表现出显著的交互作用。因此，在基本回归结果（方程 I）中，我们剔除了 $(\mathrm{lnden})^3$ 和 γlnden 两个变量。然而，方程 III 中 lnden 及其高次项的参数符号与预期一致，我们将在后面特别讨论这一结果。

表 4 – 2　　　　2003 ～ 2012 年地级城市面板数据固定效应估计结果

变量	方程 I	方程 II	方程 III	方程 IV
lnpop	0.3296 (0.2882)	0.8821 *** (0.2212)	0.3167 (0.2889)	0.3310 (0.2883)
$(\mathrm{lnpop})^2$	-0.0638 ''' (0.0229)	-0.0624 *** (0.0230)	-0.0624 *** (0.0231)	-0.0638 *** (0.0230)
lnden	1.7418 *** (0.3282)	1.6219 *** (0.3262)	-0.9871 (4.0681)	1.7441 *** (0.3284)
$(\mathrm{lnden})^2$	-0.1035 *** (0.0181)	-0.0829 *** (0.0167)	0.1800 (0.4216)	-0.1035 *** (0.0181)
$(\mathrm{lnden})^3$			-0.0098 (0.0145)	
lnpoplnden	0.0597 *** (0.0200)	.	0.0593 *** (0.0200)	0.0595 *** (0.0200)
γ	-0.0292 * (0.0174)	-0.0286 * (0.0174)	-0.0289 * (0.0174)	-0.0236 (0.0307)
γlnpop	0.0076 * (0.0043)	0.0075 * (0.0043)	0.0075 * (0.0043)	0.0083 (0.0053)

变量	方程 I	方程 II	方程 III	方程 IV
γlnden				−0.0008 (0.0038)
lnk	0.5737 *** (0.0144)	0.5757 *** (0.0144)	0.5743 *** (0.0144)	0.5734 *** (0.0144)
lnfdi	0.0665 *** (0.0066)	0.0665 *** (0.0066)	0.0670 *** (0.0066)	0.0665 *** (0.0066)
lncst	0.0231 *** (0.0046)	0.0235 *** (0.0046)	0.0230 *** (0.0046)	0.0231 *** (0.0046)
lnstrt	0.0572 *** (0.0160)	0.0563 *** (0.0160)	0.0572 *** (0.0160)	0.0572 *** (0.0160)
lnbus	0.0490 *** (0.0145)	0.0521 *** (0.0144)	0.0493 *** (0.0145)	0.0490 *** (0.0145)
lnε	−0.0057 (0.0225)	−0.0013 (0.0224)	−0.0070 (0.0225)	−0.0057 (0.0225)
lnlagrw	0.0026 (0.0027)	0.0032 (0.0027)	0.0026 (0.0027)	0.0026 (0.0027)
lnlaghw	0.0380 *** (0.0098)	0.0387 *** (0.0098)	0.0380 *** (0.0098)	0.0379 *** (0.0098)
lnlagboat	−0.0081 *** (0.0030)	−0.0090 *** (0.0029)	−0.0080 *** (0.0030)	−0.0081 *** (0.0030)
lnlagair	0.0029 (0.0019)	0.0027 (0.0019)	0.0028 (0.0019)	0.0029 (0.0019)

注：* 、** 和 *** 分别表示在 10% 、5% 和 1% 的显著水平下通过统计显著性检验。

　　四组方程的控制变量，无论是参数值还是显著程度均与表 3 - 4 的结果相近，无须进一步讨论。这里重点考察方程 I 中城市规模、城市密度和产业结构的相关变量。首先分析城市规模的作用。对比方程 I 和方程 II 可以发现，在加入规模—密度交叉项以后，城市规模一次项由高度显著变得不太显著（P 值为 0.253）。与方程 III 和方

程Ⅳ引入变量（lnden）^{3} 和 γlnden 的结果不同，引入的变量 ln-
poplnden 在所有方程中 P 值都小于 0.01，意味着城市规模和城市密
度对城市生产率存在明显的交互影响，必须保留在方程中。进一步
统计分析显示，交互项与 lnpop 之间的相关系数高达 0.9628，而与
lnden 之间的相关系数为 0.4655，因此交互项放大了城市规模一次
项的估计误差，而对密度一次项的影响相对较小。根据表 4 - 1，
2012 年 lnpop 和 lnden 的均值分别为 5.05 和 9.54，综合来看，城市
规模与城市生产率之间存在着倒"U"型关系，但倒"U"型曲线
的顶点规模难以在模型中得到准确估计。另一方面，变量 γ 和交叉
项 γlnpop 在方程Ⅰ～方程Ⅲ中都通过了 10% 的显著性检验，并且
参数值相当稳定，γ 为负而交叉项为正，估计值表明城市从产业结
构效应中获得效率提升的人口规模约为 45 万～47 万。在控制城市
密度的作用以后，城市的门槛规模依然与第 3 章的基本结果一致，
表明本章所提出的结构—规模协同效应的稳健性。此外，结构—规
模交叉项的正参数估计，也进一步支持了第 3 章中城市最优规模随
产业结构向服务业转型而增加的结论。

　　下面，考察城市集聚密度的影响。根据图 4 - 1 和式（4 - 14），
只考虑密度的一次项和二次项时，若样本中绝大部分城市位于正
"U"型区间，则估计结果有 $β_3 < 0$ 和 $β_4 > 0$，若样本中绝大部分城
市位于倒"U"型通道，则估计结果有 $β_3 > 0$ 和 $β_4 < 0$。依照相应
的结果，可以识别城市的总体发展阶段。方程Ⅰ中密度一次项显著
为正，二次项显著为负，表明当前绝大部分城市密度处于第二阶段
的倒"U"型通道。根据估计结果，$\partial lnnagdp/\partial lnden = 1.7418 +
0.0597lnpop - 0.2070lnden$，因此，对于平均规模（pop = 156.57）
的城市，其最佳集聚密度约为每平方公里 19379 人。2012 年，有
42 个地级城市人口密度高于 19379 人/平方公里，但这些城市的平
均规模也更大（均值为 222.8 万人）。由于规模—密度交叉项参数
符号显著为正，根据本章理论和实证结果，随着人口规模增长，城

市获得最大集聚净效益的密度将会增加，因此高于平均规模的城市相应能够在更高的人口密度水平上实现最优效率。另一方面，中国城市的用地规模由国家标准控制，规模越大的城市，政府所规划的人均用地标准越高（Ke，2010），尽管随着城市化推进，这些城市的集聚密度在迅速增加，但可能并未超过其规模所承载的有效密度。

4.3.2 城市的门槛密度和最优密度

由于变量间相关程度较高，方程Ⅲ中城市密度的三个变量都不显著，但进一步考察这三项所决定的城市效率—密度曲线仍然是具有启发性的。若城市规模取平均值，则有 $\partial lnnagdp/\partial lnden = -0.0294(lnden)^2 + 0.3600lnden - 0.6874$，效率—密度函数在 den 处于（0，10.67）和（19494.74，$+\infty$）区间范围内递减，（10.67，19494.74）区间内递增。[①] 该结果与理论预期方程（4-13）一致，并且倒"U"型阶段的顶点密度与只使用二次项的估计结果在误差范围内完全相同。由于第一个极值点的密度值远小于中国城市的实际人口密度，因此在回归模型Ⅰ中舍弃三次项并未对参数估计造成实质影响，而且能够使估计结果更有效。图4-2依据方程Ⅲ描绘了当城市规模变化时，城市效率—密度拟合曲线的变化趋势，其余变量和常数项在方程中略去。效率—密度曲线的第一个极值点随城市人口规模增加而下降，第二个极值点随城市人口规模增加而上升。当人口规模趋于边界值时，第一个极值点指数化后的估计值趋于 63.13，第二个极值点指数化后趋于 3293.51。

---

① 在三次函数中，实际的自变量是人口密度的对数，因此三次曲线上对应的递减区间是（0，2.367）和（9.8779，$+\infty$），递增区间是（2.367，9.8779）。

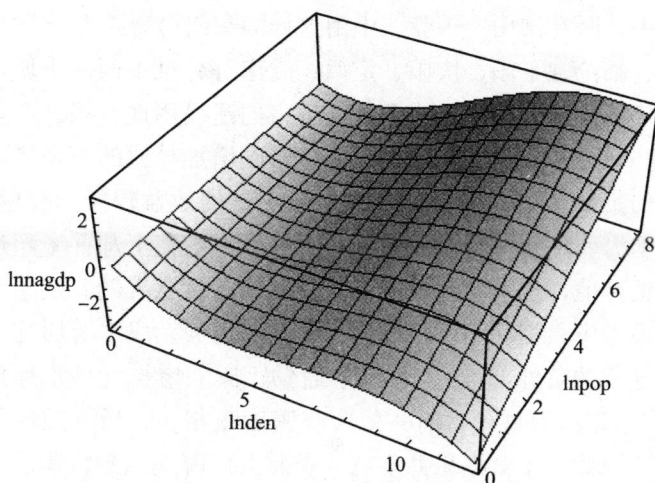

图 4 - 2 2003～2012 年中国城市效率—密度拟合曲线

值得一提的是，刘修岩和殷醒民（2008）估计城市门槛就业密度为 lnden = 4. 3296，即 den = 75. 91，该研究设置的密度指标是城市非农业就业密度，部分城市测算的实际就业密度可能低丁这一门槛值。但我们发现，中国现有的城市统计数据中，单位就业的数据较为细致，而私营和个体就业数据统计误差较大，也未作进一步的行业划分，城市的实际非农业就业规模难以准确测度；另外，城市所有人口都参与通勤，并且可能在交流中贡献隐性知识（尤其是高校学生），因此使用人口密度作为集聚经济与不经济的测度更具代表性，统计上也更可靠。并且，我们的理论和实证研究同时考虑了城市规模和城市密度的交互影响，既包含获得集聚效应的门槛密度，也包含集聚净效益最大化的最优密度，比以往的研究更为全面。

我们使用方程Ⅰ的参数和各城市 2012 年人口规模估算了 286 个地级及以上城市人口密度的最优值。根据城市实际规模，当年共有 60 个城市的密度超过了拟合的最佳值，这些城市的类型较为复杂，其中，既有佛山、东莞、中山这样的东南沿海工业化城市，也有雅安、临沧、平阳、庆阳、定西、陇南等一批中西部小城市。受地形和气候条件的限制，许多西部城市的建设用地有限，产业也难以在这些地区有效配置，建成区人口密度增加导致的不经济高于能够实现的集聚经济，进一步推进人口集聚的效益较低。有趣的是，北京、上海、广州等特大城市的实际密度在数值上却并未超过其最优密度估计值，这似乎有悖于对这些城市拥堵状况的直观感受。在本章的模型中，拥堵不经济既源于单位距离通勤成本增加（人口密度增加导致的负外部性），也源于通勤距离的增长（城市地理半径增大），给定人口规模，前一效应与密度正相关，后一效应与密度负相关。因此，本章结果并不意味着北上广等地通勤成本较低，而是这些城市因面积过大导致的有效劳动力通勤损失可能要大于单位面积拥堵造成的通勤成本。以北京为例，在中国的特大城市中，北京的单中心结构最为明显，大量居民来往于外环与中心城区之间，若在城市规划中引入更多功能分区，以外围次级中心分散就业，则在次级中心附近人口和就业密度进一步增加的同时，由于通勤距离大幅下降，也能够节省大量通勤成本。规模过大的城市应着力改善内部集聚模式，引入更为密集、便利的路网和商业服务设施，提升其经济效率。

4.4　本章小结

本章通过构建一个包含城市规模和城市密度的集聚模型，考察规模和密度这两个因素在作用机制上的关联性和差异性。以往研究通常将规模和密度作为城市集聚经济的可替代测度，但本章的理论和实证研究表明，二者对城市效率的影响模式存在差异，城市具有倒"U"型的规模—效率曲线和先正"U"型变化再倒"U"型变化的密度—效率曲线，同时两个变量之间存在正向的交互作用。利用 2003 ~ 2012 年中国地级及以上城市面板数据的实证研究显示，在控制了城市集聚密度的影响后，第 3 章讨论的结构—规模协同效应依然成立，并且所估计的门槛规模在数值上非常相似；但控制城市规模的影响后，没有明显的结构—密度效应。当前，中国所有地级城市的实际密度，均远高于预期的效率—密度曲线的正"U"型阶段门槛密度，因此集聚密度对生产率的影响表现为倒"U"型关系，平均规模的地级城市最优集聚密度约为每平方公里 19379 人；倒"U"型的顶点密度随城市规模增加而上升，东南沿海和中西部均有部分地级市的实际密度高于最佳密度拟合值，但北上广等特大城市因城市面积过大导致的通勤损失要大于集聚密度增加带来的拥堵成本。

　　本章的研究，有助于厘清城市规模和集聚密度在实际影响上的差异。结合第 3 章的结果，许多地级城市既未达到最优规模，也未达到最佳密度，这些城市在推进城市化时需要优先促进人口在已有建成区范围内集聚，而非城区向外围的地理扩张。部分大城市已超过其最优规模，但却并未达到最优密度，对这一类城市而言，除调整产业结构、使产业向高端服务业发展以外，还可以通过优化城市内部的产业和人口布局，促进城市由单中心模式向多中心模式发展，减少劳动力长距离通勤损耗。对于集聚密度过高的城市，则需要分类处理：一些工业基础较好的城市，可以合理增加其用地资源；而承载力有限的中西部小城市，应当鼓励人口向更具发展潜力的城市迁移。

第
5
章

城市规模、集聚经济与
城市的资本积累

在第3章中，我们发现地级和县级两类城市的参数估计结果之间存在巨大差异。事实上，地级市人均资本的弹性系数为0.6而县级市人均资本的弹性系数仅为0.43（见表3-3、表3-6），两类城市的宏观生产函数不同。显然，我们有必要进一步探究这一差异的微观来源，在分析城市规模与产业结构协同作用的基础上，考察城市规模对城市资本积累的影响。

5.1 中国城市资本积累概况

根据新古典增长模型，在技术约束不变的条件下，资本深化推动着人均产出的增长（Solow，1956）。1980~2010年的30年间，中国人均实际GDP年均增长率约为8.9%，而同期人均实际资本存量年均增长约 10.8%。① 依照新古典模型规模报酬不变的假设，随着资本要素投入量不断增加，资本边际收益率下降，因此长期来看资本深化将会终止，经济增长率收敛于稳态值。对国内不同区域而言，这种要素报酬递减也决定了当地区差距扩大时资本将从密集度高（从而回报率低）的发达地区流向密集度低（从而回报率高）的不发达地区。然而，中国当前的实际状况却恰恰相反，尽管中小城市的资本相对稀缺，但大城市仍然在吸收过度的投资（Jefferson，Singhe，1999；Au，Henderson，2006b）。表 5 - 1 列出了 2009 年中国按直辖市、省会级城市、普通地级市、县级市分组的城市人均资本存量（包括国内资本和累积 FDI）和市区人口的平均值，可以看到人均资本和城市规模沿着城市等级梯度同步下降。作为对照，我们还在表 5 - 1 中列出了以东部和中西部划分的两组均值，显而易见，资本积累在不同规模和等级的城市间差异要明显大于以往研究所关注的东中西部差异。

表 5 - 1　　　　　各类城市人均资本存量和人口规模

	直辖市	省会级城市	地级市	县级市	东部城市	中西部城市
样本数	4	26	256	367	262	391
人均资本（万元）	16.52	12.56	8.15	3.53	6.94	5.01
人口（万人）	1213.00	317.63	97.72	66.59	116.52	81.94

数据来源：根据《中国城市统计年鉴》，中国统计出版社的相关数据计算得到。

　　不同规模—等级城市的人均基础设施资本存量也存在较大差异。根据历年《中国城市建设统计年鉴》发布的市政公用设施建设

---

① 人均 GDP 实际增长率根据 2011 年《中国统计年鉴》的不变价人均国内生产总值指数计算得到；全国资本存量没有直接的统计数据，此处参照张军等（2004）的方法，并使用其 2000 年的存量数据作为基准进行了大致估算，再除以各年年末总人口得到人均值。不变价的基期均为 1980 年。

固定资产投资统计数据，计算得到 2009 年 4 个直辖市以 2000 年为基期的人均基础设施资本存量为 17562 元，26 个省会级由于数据可得性原因，未计算拉萨市的相关数据城市人均基础设施资本存量为13227 元，而普通地级市仅为 6165 元，等级梯度同样导致城市在获取基础设施投资上存在梯度差异。那么，城市规模—等级对地区资本积累效率的影响是否稳健存在？其微观机制又如何？这种作用机制对于中国经济增长的空间差异又有何种启示？上述问题在前人的研究中，并未得到充分解答。本章试图通过一个新经济地理学范式的资本流动和集聚模型，使用全国县级及以上城市的面板数据对此进行较为深入地分析，从微观经济学角度考察资本积累空间不均衡的决定因素。本章后续内容安排如下：第 5.2 节对相关研究文献进行简要回顾；第 5.3 节基于新经济地理学构建一个资本空间极化模型，分析城市规模与资本积累之间的静态作用机制和动态作用机制，并得到一个与理论一致的计量模型；第 5.4 节交代指标和数据处理；第 5.5 节报告并分析面板模型和分位数回归结果；第 5.6 节是小结和政策启示。

5.2 资本积累和空间流动相关文献回顾

对于中国资本积累和经济增长日益深化的区间差异，一些学者致力于在新古典框架下利用收敛性理论来解释，沈坤荣和马俊（2002）和徐大丰（2009）分别考察了中国省际和地级城市间的增长差异，发现地区经济不会发生 Solow 模型预言的绝对收敛，而是表现出"俱乐部收敛"的特征，增长趋同只发生在初始条件相近、经济特征相似的经济体之间。另一些学者则从经济地理学的角度进行讨论，经济地理学认为产业能够通过地理集中获得集聚外部性和规模报酬递增，因此中国的区域差异是由于产业在空间上重新定位造成的。范剑勇（2004）指出，随着国内市场一体化程度提高，中国已形成了一个以东南沿海作为制造业中心、中西部地区成为农业和采掘业外围的核心—边缘结构，东西部收入差距不断加大；并且这种由集聚因素导致的地区差距目前毫无缩小趋势（梁琦，2009）。经济地理学将新古典理论长期忽略的空间因素纳入模型，因而提供了比抽象的收敛性分析更为坚实的微观基础和政策含义。在核心—边缘的区域结构下，核心区的发展可能对边缘区造成两种相反的影响：发达地区可能通过"涓滴效应"推动外围的经济和社会进步，但也可能进一步吸收外围的资金和劳动力产生所谓"极化效应"（Hirschman，1958）。柯善咨（2009）运用空间计量方法，验证了中国省会级城市和地级中心城市对下级市县具有显著的回流影响，因此，发达地区和欠发达地区在资本积累上的长期不平衡是可能的。

由克鲁格曼（Krugman，1991）、藤田昌久等（Fujita et al.，1999）发展起来的新经济地理（NEG）模型将垄断竞争和规模经济引入对经济集聚现象的分析，打破了过去理论中极化效应和累积循环因果的黑匣子，在多样化产品生产的"本地市场效应"驱动下，本地需求增加导致产出以更高比率增长，并通过前后向关联吸引厂商和劳动力进一步集中。然而，新经济地理（NEG）模型更多关注厂商和劳动力的空间"极化"，大多数模型中资本通常只作为控制变量出现。马丁和罗杰斯（Martin，Rogers，1995）在考察地方基础设施对产业区位的作用时，最早引入了一个新经济地理模式的"自由资本模型"（footloose capital model），库姆斯等（Combes et al.，2008）基于该模型将资本的区间流动与本地市场效应结合在一起，为研究资本的极化现象提供了新的思路，该模型中资本所有者的区位是外生的，而资本流动模式与厂商区位是内生决定的。亨德森（Henderson，2009）则从权力划分角度，提出了城市等级对于资本积累的影响：与大多数国家基于平等的地方行政权力形成的城市规模—等级体系不同，中国的上级城市对下级城市具有行政上的控制力，这种特有的行政等级制可能导致上一级城市在获得国内投资和 FDI 上具有优先权。

上述研究成果表明，其一，现有研究对区域经济不平衡的讨论偏重于宏观或中观，通常基于省级或地级样本数据，因而未能很好地反映出中国经济集聚的微观机制和空间细部特征；其二，库姆斯等（Combes et al.，2008）的模型，侧重于讨论本地市场效应对经济集聚和分散的影响，得到一个取决于相关参数的静态空间均衡，适用范畴受到限制。本章借鉴并发展库姆斯等（Combes et al.，2008）的理论框架，先分析城市规模和厂商集聚效应对资本空间配置的作用机制，然后，使用中国 653 个县级以上城市的面板数据构建一个与理论一致的计量模型进行实证检验。本章从动态的视角将库姆斯等的理论模型应用于对中国资本积累区域差异的分析，并进一步证明在资本发生新古典的动态积累时因"极化"导致的不平衡也是长期存在的这一事实。

5.3　城市规模对资本极化的影响机制和模型

5.3.1　理论模型和机制分析

假定经济体的总人口数为 L，总资本存量为 K，经济活动划分为两个部门：生产同质产品的基础部门 A 和生产异质化产品的部门 H。资本和部门 H 的厂商可以在两个城市 i、j 之间自由流动。每个城市的人口数量视为外生给定，城市 i 的人口份额设为 λ，城市 j 的人口份额为 1 - λ（考虑到中国长期执行的户籍制度，人口的流动性远低于资本，因此，将城市人口视为外生是合理的），但劳动者可以在部门间自由选择就业。每一人口固定提供一单位劳动力，同时也是资本的所有者，初始时拥有相等的资本禀赋 $k_0 = K/L$（为了在后面简要讨论模型的动态特征，我们设定了一个初始禀赋 k_0 而不采用库姆斯等（Combes et al.，2008）模型中每人固定拥有一单位资本的假设）。资本所有者自由将资本出让给两个城市的厂商，但在其居住地消费资本收益。我们关心的是，均衡条件下两地资本存量的差异，不妨设均衡时城市 i 的资本份额为 φ，则城市 j 为 $1-\varphi$。

部门 A 为完全竞争，生产过程只消耗劳动力且规模报酬不变，产品在城市间自由贸易。部门 H 的生产，遵循迪克西特和斯蒂格利茨（Dixit，Stiglitz，1977）的垄断竞争模式，即每一厂商生产一种有差异的产品，与一般的垄断竞争模型有所不同的是，厂商生产一单位产品需要 $F>0$ 单位的资本作为固定投入和 c 单位劳动作为可变投入，故城市 i 厂商 h 具有以下形式的成本函数：

$$C_i(h) = rF + cx_i(h) \qquad (5-1)$$

所有消费者具有一致的效用函数 $U = A^{1-\alpha}H^{\alpha}$，$0 < \alpha < 1$。其中，对部门 H 产品组合的偏好为 CES 形式，产品之间的不变替代弹性 $\sigma > 1$。部门 H 商品在城市间贸易具有"冰山"形式的交易成本，从城市 i 出口的一单位产品只有 $1/\tau(\tau > 1)$ 单位到达城市 j。以 E_i、E_j 分别表示城市 i、j 的消费者总支出，G_i、G_j 表示两个城市产品市场价格指数，p_i 为产品出厂价，根据垄断竞争的标准模型，城市 i 厂商 h 面对的总需求为：

$$x_i(h) = \alpha(E_i G_i^{\sigma-1} + E_j G_j^{\sigma-1}\tau^{1-\sigma})p_i(h)^{-\sigma} \qquad (5-2)$$

其中，两个城市异质商品的价格指数由式（5-3）、式（5-4）得出：

$$G_i = \left\{\int_0^{n_i}[p_i(h)]^{1-\sigma}dh + \int_0^{n_j}[\tau p_j(h)]^{1-\sigma}dh\right\}^{1/(1-\sigma)} \qquad (5-3)$$

$$G_j = \left\{\int_0^{n_i}[\tau p_i(h)]^{1-\sigma}dh + \int_0^{n_j}[p_j(h)]^{1-\sigma}dh\right\}^{1/(1-\sigma)} \qquad (5-4)$$

由于预先设定了资本的流动性，因此，均衡时两地资本名义收益率相等：$r_i = r_j = r$。同质部门 A 的存在，使劳动力要素价格均等化，为使模型简洁，我们将两地工资水平 w 单位化为 1。均衡条件下，两个城市的消费支出（等于劳动收入和资本所有者收益之和）为：

$$E_i = \lambda(1+rk_0)L, \quad E_j = (1-\lambda)(1+rk_0)L \quad (5-5)$$

因为市场上存在众多厂商，单个厂商在定价时不考虑对总体价格指数的影响，因此由式（5-1）、式（5-2）和利润最大化的一阶条件，得到城市 i 异质产品的成本加成定价：

$$p_i^*(h) = p_i^* = \frac{\sigma c}{\sigma - 1} \quad (5-6)$$

同理可以得到城市 j 的产品出厂价 p_j^*。由于同一城市所有厂商具有相同的定价，因此城市价格指数可以改写为：

$$G_i = \frac{\sigma c}{\sigma - 1}[n_i + n_j \tau^{1-\sigma}]^{1/(1-\sigma)}, \quad G_j = \frac{\sigma c}{\sigma - 1}[n_i \tau^{1-\sigma} + n_j]^{1/(1-\sigma)}$$

$$(5-7)$$

该模型的独特之处在于，固定成本以资本的形式出现，因此，城市均衡资本存量决定了部门 H 厂商的均衡数量，有：

$$n_i = \frac{\varphi K}{F} = \frac{\varphi k_0}{F}L, \quad n_j = \frac{(1-\varphi)K}{F} = \frac{(1-\varphi)k_0}{F}L \quad (5-8)$$

厂商自由进入市场使得均衡时不存在超额利润，根据零利润条件得到：

$$x_i^*(h) = x_i^* = \frac{(\sigma-1)rF}{c} \quad (5-9)$$

将式（5-8）代入式（5-7）消去价格指数中的 n，再同式（5-5）和式（5-6）一起代入式（5-2），整理得到：

$$x_i = \frac{(\sigma-1)(1+rk_0)\alpha F}{\sigma c k_0}\{\lambda[\varphi + (1-\varphi)\tau^{1-\sigma}]^{-1}$$
$$+ (1-\lambda)[\varphi + (1-\varphi)\tau^{\sigma-1}]^{-1}\} \quad (5-10)$$

对于城市 j 同样有：

$$x_j = \frac{(\sigma-1)(1+rk_0)\alpha F}{\sigma ck_0}\{(1-\lambda)[\varphi\tau^{1-\sigma}+(1-\varphi)]^{-1}$$
$$+\lambda[\varphi\tau^{\sigma-1}+(1-\varphi)]^{-1}\} \qquad (5-11)$$

式（5-9）和式（5-10）右侧必须相等，因此，可以得到一个关于均衡资本收益率 r 和资本存量份额 φ 的表达式：

$$\frac{\sigma rk_0}{\alpha(1+rk_0)}=\lambda[\varphi+(1-\varphi)\tau^{1-\sigma}]^{-1}+(1-\lambda)[\varphi+(1-\varphi)\tau^{\sigma-1}]^{-1}$$
$$(5-12)$$

类似的，利用等式（5-11）和 $x_j^* = (\sigma-1)rF/c$ 可以得到：

$$\frac{\sigma rk_0}{\alpha(1+rk_0)}=(1-\lambda)[\varphi\tau^{1-\sigma}+(1-\varphi)]^{-1}+\lambda[\varphi\tau^{\sigma-1}+(1-\varphi)]^{-1}$$
$$(5-13)$$

联立式（5-12）和式（5-13），得到一个关于 r、φ 的二元方程组，消去 r 之后可解出 φ(λ)：

$$\varphi(\lambda)=\frac{(1+\tau^{1-\sigma})\lambda-\tau^{1-\sigma}}{1-\tau^{1-\sigma}}=\lambda+\frac{2\lambda-1}{\tau^{\sigma-1}-1} \qquad (5-14)$$

由于 τ，$\sigma>1$，所以当 $\lambda>1/2$ 时，$\varphi(\lambda)>\lambda$；$\lambda<1/2$ 时，$\varphi(\lambda)<\lambda$。这意味着，人口份额较高的城市，均衡资本存量份额会有一个相应更高的比例。根据模型假定，初始状态下所有城市居民具有相同的资本禀赋，每个城市资本存量的初始份额应当等于其人口份额，但资本自由流动导致的均衡状态是大城市资本份额高于人口份额而小城市资本份额低于人口份额，也就是说，小城市向大城市输出资本，大城市对外围的中小城市产生了资本的极化效应。造成这一现象的原因在于，大城市提供了更大规模的消费市场，部门 H 的厂商选址于大市场可以节约区间交易成本，增加销售利润，超额利润的存在吸引了更多厂商进入大城市，造成本地资本要素供不应求，提高了大城市的资本收益率，于是小城市的资本流向大城市以获取更高的报酬，这一过程持续到大城市不再存在超额利润、并

且大城市资本的相对拥挤和小城市资本的相对稀缺使两地资本收益率归于相等为止。将式（5-14）代入式（5-12）可以求出均衡资本收益率 $r^* = \alpha(\sigma-\alpha)^{-1}k_0^{-1}$。

注意到城市 i 的人均资本存量：

$$k_i = \frac{\varphi K}{\lambda L} = \left(1 + \frac{2-\lambda^{-1}}{\tau^{\sigma-1}-1}\right)k_0 \qquad (5-15)$$

因此，城市规模越大（即 λ 越大），城市人均资本存量越高，这种资本的空间极化是厂商集聚带来的规模报酬递增所驱动的。并且，τ 越小（即区间交易成本越低）极化效应越明显，这表明，随着区域市场一体化程度提升，不同规模城市在资本积累上的差距将进一步扩大。

垄断竞争模型中，单个厂商的均衡产量为定值，城市总产值由厂商数量决定。将均衡资本收益率代入式（5-9）可以消去 r，再根据式（5-6）、式（5-8）和式（5-15）得到城市 i 的人均产出：

$$y_i = \frac{n_i p_i^* x_i^*}{\lambda L} = \frac{\varphi}{\lambda}\sigma r^* k_0 = \frac{\sigma\alpha}{\sigma-\alpha}\frac{k_i}{k_0} \qquad (5-16)$$

等式（5-16）蕴含了与新古典模型 y = f(k) 一致的增长来源，即人均产出增长源于人均资本增长，但这里的资本积累具有了经济活动空间集聚的微观基础：城市规模经济带来的极化效应导致了人均资本的空间差异，从而使不同规模城市的经济不平衡增长。从福利分配的角度来看，情况略有不同，由于资本收益可以跨区实现，因此，小城市的资本所有者能够获得其投资于大城市的资本回报，两个城市的人均名义收入可以是相等的，但根据式（5-7）定义的价格指数，大城市的总体价格水平更低（部门 A 的价格是均等的），因为需要在进口中支付的交易成本较少，所以大城市具有更高的实际收入和福利。

现在，我们在模型中加入一些动态化：居民将上一期收入中比例为 s 的部分用于储蓄并加入下一期投资，两地人口均以固定比率

θ 增长, 资本折旧率为 δ。对第一期均衡而言, 模型的变化仅在于消费支出需要乘以系数 (1−s), 从而式 (5−12)、式 (5−13) 左边的分母变为 $\alpha(1-s)(1+rk_0)$, 这一变化不影响 $\varphi(\lambda)$, 但会改变第一期的均衡资本收益 r, 有:

$$r_1 = \frac{\alpha(1-s)}{(\sigma-\alpha+\alpha s)k_0} \tag{5-17}$$

假定第二期初始时资本依然在所有者之间均匀分配 (比如, 家庭将上一期的储蓄平衡地分配给新增人口),[①] 此时, 每个城市居民的资本禀赋 $k_1 = (1+\theta)^{-1}[(1-\delta)k_0 + (1+r_1k_0)s]$。由于人口增长率相同, 所以 λ 不变, 仅仅需要以 k_1 替代基本模型中的 k_0, $(1+\theta)L$ 替代模型中的 L, 从而 p_i^*、x_i^* 不变, E 和 n 会有相应变化。但方程 (5−12)、方程 (5−13) 的右侧部分仍然不受影响, 因此, 均衡时城市 i 的资本使用份额不发生改变, 这意味着当资本内生积累时, 小城市继续向大城市输出其新增资本中的一部分, 城市规模和集聚效应带来的资本空间极化是长期存在的。

5.3.2　计量模型设定

根据以上讨论, 我们可以将影响城市人均资本存量的因素分解为两类: 其一是新古典因素, 其二是集聚因素。本章着重考察城市规模经济的作用, 因此, 需要将新古典因素作为控制变量。在新古典模式下, 人均资本存量的变化主要由两方面的因素决定: 地方收入中用于储蓄的部分和资本分配给新增人口的部分 (即资本广化)。然而, 我们并无所有城市实际收入和储蓄倾向的良好测度 (由于收益的跨区流动, 城市的收入与产出并不相等), 只能以城市消费规模即 (1−s) E 来间接衡量, 消费规模大既可能是因实际收入高也

---

① 模型中资本的收益权与使用权是分离的, 因此, 一部分资本虽然在大城市投入生产, 但所有权仍然在小城市居民手中, 下一期所有者可以继续出让该资本以获得收益。

可能是因储蓄倾向低，其参数估计需要谨慎对待，但作为控制变量不影响本章的核心结论。此外，计算历年人均资本时已通过除以人口控制了用于资本广化的部分，所以城市人口规模作为自变量的参数估计将只反映集聚因素对人均资本的净贡献。

我们希望在模型中区分新经济地理学的集聚效应导致的资本极化和城市职能等级带来的资本积累差异，后者可以用传统的中心地学说来解释：大城市的许多设施，不仅为本城市服务，而且为周围小城市和广大乡村服务，因此，管理职能和范围不同导致城市对社会物质资本的需求存在差异。另外，中国自1982年起逐步形成了所谓市管县体制，不同等级城市具有行政管辖权上的垂直差异，地级城市对其管辖范围的县级城市拥有政策控制力，这可能造成资源配置的非市场扭曲。但城市等级虚拟变量在固定效应模型中无法获得参数估计，因此，我们构建一组城市等级与城市规模的交叉项，检验较高等级的城市是否因具有区域服务职能或政策上的优先权而放大了极化效应。

地方政府的投资决策，是影响城市资本积累的重要因素，政府投资本身就作为社会新增资本的一部分，同时，良好的城市环境和公共设施水平也有助于吸引私人投资，因此，我们在模型中引入一组反映地方基础设施水平的控制变量。最后，我们还控制了人力资本水平对于地区资本积累的影响。与式（5-15）含义一致的城市资本积累决定因素方程为：

$$\ln k = \beta_0 + \beta_1 \ln L + \beta_2 \tau \ln L + \beta_3 d_{level} \ln L + \beta_4 \ln cons + \beta_5 \ln infra + \beta_6 \ln h$$

$$(5-18)$$

其中，地区间交易成本对资本空间集聚的影响通过一个交叉项 $\tau \ln L$ 来刻画，d_{level} 是城市等级虚拟变量，cons、infra、h 分别表示城市人均消费、基础设施和人力资本水平。

5.4　县级及以上城市指标和面板数据

由于 2010 年《中国城市统计年鉴》仅发布了县级城市的房地产开发投资完成额，没有城镇固定资产投资额，无法计算后续年份县级市资本存量，因此本章使用 2003 ~ 2009 年的 653 个县级以上城市数据由于数据可得的原因，所以本章的样本中未使用拉萨的相关数据。主要数据来源于历年《中国城市统计年鉴》和《中国城市建设统计年鉴》，相关价格指数数据来源于《中国统计年鉴》（没有公开发表的城市价格指数，因此使用各省区市的价格指数）。在所考察样本的时间范围内，江津、合川、永川、南川四个县级市调整为重庆市市辖区，阿城成为哈尔滨市市辖区，通州成为南通市市辖区，米泉市并入乌鲁木齐市米东区，因此调整年份之前的县级市数据都归并入相应的地级市数据，以保持统计口径的一致性。下面，简要说明各变量的指标设定和数据处理。

城市人均资本存量 k 的测度，是数据处理中最关键的部分。目前，中国并未对全社会固定资产进行全面估价，因此没有公开发表的资本存量数据，本章沿用第 4 章的永续盘存法进行估算。首先，确定一个基期年份的存量值：对于地级以上城市，使用各城市市辖区 2000 年限额以上工业企业流动资产和固定资产净值估计限额以上工业资本存量，然后，利用限额以上工业增加值占市辖区生产总值比例估计 2000 年各城市资本存量；县级城市没有该项统计数据，假设各县级市 2000 年投资—存量比与所在省区市投资—存量比相同，则县级市 2000 年资本存量的估计值等于 $I_c (K_{pf} + K_{pw})/I_p$，式中，$K_{pf}$、$K_{pw}$ 和 I_p 分别是 2000 年各省区市工业企业固定资产、流动资产和固定资产投资，I_c 是各县级市的固定资产投资。2000 年以后，历年的资本存量根据全市实际投资总额，利用式 $K_{i,t} = (1 - \delta)$

$K_{i,t-1} + I_{t-1}/d_{i,t-1}$ 计算。式中，$K_{i,t}$ 是第 t 期资本存量，年折旧率 δ 设为 5%；I_{t-1} 是新增投资，由于存在建设周期，许多投资项目无法在当年生产中发挥作用，因此使用平均一年的滞后期，$d_{i,t-1}$ 采用城市所在省区市的累积资本价格指数。本章实际使用的数据为 2003～2009 年，2000 年初始资本估计中的误差对后续年份的影响越来越小。资本存量除以城市人口得到人均值。

城市人口规模直接从《中国城市统计年鉴》中获得，地级及以上城市使用城市市辖区人口。地区间交易成本难以找到地级市和县级市共有的合意指标，本章使用城市人均对外交通用地来间接测度，该指标越大，说明对外交通越通达、运输成本相对越低。人均消费 cons 以城市限额以上批发零售贸易商品销售额作为测度指标，并且用各省区市商品零售价格指数折算为以 2000 年为基期的实际值。城市基础设施用地级市市辖区和县级市的人均道路面积、每万人路灯数和建成区排水管道密度来测度。人力资本可以采用城市每万人在校大学生数，县级市没有大学生数，但考虑到高等学校基本上集中在地级以上城市，因此，赋 0 值造成的偏差不大。

回归方程（5 - 18）中各变量均已对数化，为避免一些为 0 的观测值无法取对数造成样本缺失，所有含零的变量都加上一个比该变量最小值还小的量（如 0.001）。表 5 - 2 列出了相关变量 2009 年的描述统计量。

表 5 - 2　　　　2009 年中国 653 个县级及以上城市描述统计量

变量	意义	均值	标准差	极小值	极大值
k	人均资本（元/人）	57822.37	50288.49	4118.44	402446.60
pop	城市人口（万人）	95.82	118.06	4.80	1542.77
trans	人均对外交通用地（m²/人）	2.79	3.35	0.02	31.90
cons	人均批发零售额（元/人）	13087.75	26822.97	12.53	338238.00
strt	人均道路面积（m²/人）	14.11	6.25	0.38	52.42
lamp	每万人路灯数（盏/万人）	272.57	290.48	7.92	3496.88

续表

变量	意义	均值	标准差	极小值	极大值
sew	排水管道密度（km/km^2）	7.93	4.55	0.39	41.13
cst	每万人大学生数（人/万人）	192.10	335.65	0.001	2179.28

数据来源：根据相关年份城市统计数据测算。

5.5 城市规模经济与资本极化的计量分析

5.5.1 基本回归结果

我们用 Hausman 检验检查模型设置，结果在 1% 的显著水平下拒绝了随机效应，因此，需要使用固定效应模型（除均值法）来保证参数估计的一致性。基本回归结果如表 5-3 中的模型 I 所示，其中，虚拟变量 d_c 对省会级以上城市取 1，其他城市取 0。

表 5-3 全国县级以上城市资本极化效应面板数据回归结果

自变量	模型 I				模型 II			
	参数估计	标准误	t 值	P 值	参数估计	标准误	t 值	P 值
lnpop	0.2198	0.0689	3.19	0.001	0.3731	0.1145	3.26	0.001
translnpop	0.0015	0.0009	1.64	0.102	0.0014	0.0009	1.59	0.111
$d_c$lnpop	0.4561	0.2601	1.75	0.080				
$d_p$lnpop					-0.1840	0.1399	-1.31	0.189
lncons	0.1723	0.0071	24.43	0.000	0.1726	0.0071	24.48	0.000
lnstrt	0.1706	0.0183	9.34	0.000	0.1718	0.0183	9.39	0.000
lnlamp	0.3231	0.0128	25.16	0.000	0.3225	0.0129	25.09	0.000
lnsew	0.1226	0.0167	7.32	0.000	0.1204	0.0168	7.19	0.000
lncst	0.0736	0.0099	7.41	0.000	0.0744	0.0100	7.47	0.000

模型 I 中，人均资本对人均批发零售额 cons 的弹性约为 0.17，直观上看，本地消费规模对资本积累有正向作用，这可能意味着两种解释：第一，各城市居民的边际储蓄倾向差异较小，$(1-s_i)E_i$ 的差异决定于总收入 E_i 的差异，收入水平越高用于消费和储蓄的绝对量也越高，因此，消费高的城市资本积累同样更高；第二，更高的消费能力，意味着更大的市场，从而通过新经济地理学描述的后向关联效应吸引厂商进入本地，于是增加了本地的投资。代表城市设施的三个变量参数估计均显著为正，良好的基础设施和公共服务水平有利于本地招商引资，促进城市资本积累，并且地方政府在基础设施建设上的公共投资能够产生乘数效应，推动上下游产业发展。人均资本存量对每万人大学生数的弹性约为 0.07，显示城市人力资本水平对物资资本积累具有积极影响，城市大学生数意味着潜在的高素质劳动力储备，而本地劳动力质量是厂商进行投资决策时考虑的重要因素。需要指出的是，由于地级以上城市才有大学生数据，因此，该变量的估计结果也可能包含地级市与县级市之间的差异，但我们已通过固定效应控制了这一影响。

下面，着重分析城市规模经济的影响。城市人口规模和规模——等级交叉项分别在 1% 和 10% 的统计显著性水平下通过了 t 检验，城市规模与人均对外交通用地的交叉项 P 值略微高于 10%，参数估计结果支持理论预期。城市人均资本存量对城市规模的偏弹性为 $\partial(\ln k)/\partial(\ln pop)=0.2198+0.0015\text{trans}+0.4561d_c$，显示城市规模经济对资本的空间极化具有重要影响：由于垄断竞争部门的厂商倾向于向大城市集聚，导致大城市对资本有更多的需求，同时，集聚收益的存在使得大城市厂商能够支付更高的要素报酬，因此，规模越大的城市在吸收和积累物质资本上具有越高的效率，大城市集聚的资本份额要显著高于其集聚的人口份额，城市规模增长促进了新古典模型中的资本深化。

假定城市人均对外交通用地取表 5-2 中的 2009 年均值水平，

则对于一个非省会级（以及直辖市）城市而言，在其他条件不变的情况下，城市人口规模增加 1% 导致人均资本增加约 0.224%；而对于省会级及以上城市，城市规模经济的贡献将放大到 0.680%，这说明省会级以上城市相对于普通地级市和县级市在吸引资本上具有额外的优势，考虑到直辖市和省会级城市是国家和省级行政管理中心，需要发挥超出本地区的经济和管理职能，因此，在社会资本积累上必然高于同等规模的非省会级城市。作为对比，模型 II 将省会级以上城市的虚拟变量替换为地级以上城市 d_p，参数估计结果不显著，符号也变为负，一般地级市的规模增长并未导致比县级市更高的资本—规模弹性，这一结果显然不支持所谓"市管县"体制导致资本配置扭曲的假设。最后，规模—交易成本交叉项的 P 值略高于 10%，但系数为正，一定程度上表明以城市人均对外交通用地衡量的城市间通达程度促进了资本空间极化的发生。当地区间运输成本下降、市场一体化程度提高时，中心城市厂商向外围地区输出商品的交易成本降低，因此，厂商更倾向于集中在大城市和大市场以获得递增收益，资本也随之具有更强的极化趋势，有更多的新增资本流向大城市。

中国不同类型城市在规模—等级上不会实现趋同，因此城市资本积累也不会自动趋于收敛，由于集聚效应和规模经济的存在，资本边际报酬递减导致的增长趋同在城市层面难以实现。上述结果在一定程度上与徐大丰（2009）基于纯粹的新古典模型和地级样本的结论一致，但该文中城市增长差异源于宏观的初始条件，而本章的资本积累空间差异来源于集聚导致的报酬递增，具有更微观的经济学含义。欠发达地区未能加入趋同俱乐部，是因为未能加入城市规模经济的俱乐部。

5.5.2　分位数回归模型

上述固定效应模型刻画了城市规模 L 对人均资本存量 k 的条件

期望值 $E(k|L)$ 的影响，反映出城市规模经济对资本积累的平均
边际影响，但均值回归结果难以体现整个条件分布的全貌，因此，
我们希望进一步估计被解释变量的若干条件分位数，以反映自变量
对因变量不同分位点的边际效应及其变化趋势。根据肯克和巴西特
（Koenker，Bassett，1978）提出的分位数回归模型，假设条件分布
$y|x$ 的总体 q 分位数 $y_q(x)$ 是 x 的线性函数，即 $y_q(x_i) = x_i'\beta_q$，则
分位数回归系数 β_q 的估计量可由以下极小化问题定义：

$$\min_{\beta_q} \sum_{i:y_i \geq x_i'\beta_q}^{n} q|y_i - x_i'\beta_q| + \sum_{i:y_i < x_i'\beta_q}^{n} (1-q)|y_i - x_i'\beta_q|$$

$$(5-19)$$

其中，n 为样本容量，x_i 和 β_q 都是 $K \times 1$ 向量。分位数回归的
目标函数为绝对值形式，不可微，因此，使用线性规划的方法进行
估计（Bloomfield，Steiger，1983）。我们选择了五个代表性分位点
0.1、0.25、0.5、0.75 和 0.9，同时，引入一组城市虚拟变量来控
制个体固定效应（除均值法不再适用），结果见表 5-4。城市虚拟
变量的参数估计在模型中没有特别的含义，限于篇幅不再列出。表
5-4 中，各变量都在 1% 显著水平下通过 t 检验。

表5-4　　全国县级以上城市面板数据分位数回归结果

自变量	分位点				
	0.10	0.25	0.50	0.75	0.90
lnpop	0.2419	0.3155	0.3853	0.2631	0.2726
translnpop	0.0017	0.0016	0.0017	0.0020	0.0009
$d_c$lnpop	1.2027	1.0667	0.6913	0.4314	0.7073
lncons	0.0929	0.1251	0.1737	0.1627	0.1422
lnstrt	0.1490	0.1459	0.1384	0.1763	0.1972
lnlamp	0.3091	0.3190	0.2952	0.2986	0.2739
lnsew	0.1117	0.1208	0.1321	0.1215	0.1084
lncst	0.2050	0.1380	0.1292	0.1422	0.1433

　　分位数回归的结果仍然支持理论预期，各变量的参数估计与均值回归具有一致的符号，但不同分位点的系数大小存在变化。变量 lnpop 在 10%、25%、50%、75%、90% 分位数回归上的参数估计总体上呈先增后减的变化趋势，说明对非省会级城市（和直辖市）而言，城市规模对人均资本条件分布两端的影响小于其对中间部分的影响，随着城市人均资本积累量增加，城市规模经济的边际弹性显示出倒 "U" 型变化。根据本章的理论机制，资本流入与厂商集聚是相伴而生的，人均资本存量高的城市集中了更多的垄断竞争厂商，当城市规模增长时，新厂商为接近市场而进入本地，由等式（5 - 8）知，$dn_i/dL = \varphi k_0/F$，因此，城市原有资本份额 φ 越高，规模增长带来的厂商数量增加越多，这使得城市垄断竞争部门对资本的需求以更快速度增加；但随着厂商数量增多，厂商之间的竞争效应也将加强（等式（5 - 7）决定的城市异质产品价格指数下降），因而整个产业部门从集聚中获得的规模收益增长趋缓从而对资本的需求和意愿支付增长趋缓，最终的变化取决于两种力量的对比，导致城市规模对资本积累的边际贡献在资本非常匮乏或者非常充裕时较小而当人均资本处于中位数水平时较大。城市规模——等级交叉项 $d_c lnL$ 的分位数估计结果则先减后增，意味着区域管理职能对资本相对缺乏或者非常充裕的城市影响更大。规模——交易成本交叉项 translnL 在大多数分位点上比较稳定，但对人均资本最高的 10% 的城市影响突然变得很小，这可能是因为这些城市对外交通条件已非常完善，区间交易成本对市场的制约作用较小。

5.5.3　对八大综合经济区的计量分析

　　考虑到中国区域间经济结构的差异，本章对不同区域的城市子样本分别进行了回归。因传统的东中西部划分方式较为粗糙，我们采用国务院发展研究中心发布的《中国中长期发展的重要问题

（2006～2020）》中八大综合经济区的划分，即东北综合经济区：辽宁、吉林、黑龙江；北部沿海综合经济区：北京、天津、河北、山东；东部沿海综合经济区：上海、江苏、浙江；南部沿海综合经济区：福建、广东、海南；黄河中游综合经济区：陕西、山西、河南、内蒙古；长江中游综合经济区：湖北、湖南、江西、安徽；大西南综合经济区：云南、贵州、四川、重庆、广西；大西北综合经济区：甘肃、青海、宁夏、西藏、新疆。回归结果中，大多数控制变量的参数估计与预期一致，不再赘述，同时由于每个子样本都只包含少数几个省会级以上城市，等级—规模交叉项 $d_c \ln L$ 参数估计的可靠性较低（在几乎所有子样本回归中都是不显著的），进一步分析的意义不大，因此，我们在表5-5中，只列出城市规模这一核心变量的估计结果，并结合2009年各经济区相应的均值数据进行讨论。

表5-5 　　　　　　　　八大综合经济区的计量分析

	东北经济区	北部沿海经济区	东部沿海经济区	南部沿海经济区	黄河中游经济区	长江中游经济区	大西南经济区	大西北经济区
城市数	89	83	73	75	93	108	84	48
人均资本存量	55241.17	71234.21	72258.08	65093.20	60269.74	44065.67	41707.39	60514.10
人口规模	80.29	119.82	130.75	106.94	77.57	90.41	104.20	45.44
资本—规模弹性	-0.4962	0.4972	0.5064	0.8774	0.2007	0.4655	2.6354	-0.2738

表5-5中，不同区域表现出不同的经济特征。长江中游地区城市的人均资本存量，明显低于北部沿海和东部沿海经济区，但其资本—规模弹性却较为接近，同处于0.45～0.5范围，说明随着长江中游省市城市化水平的提升，城市的集聚效应和规模效应逐渐显现，区域内资源配置的市场化程度逐步向发达地区靠拢，进一步推

进人口和产业集聚能够激活更大的发展潜力。这一点在西南地区表现得更为明显，成都、重庆等大城市的集聚效益远高于区域内中小城市，因此，人均资本积累对城市规模的边际弹性非常高。对外开放最早的南部沿海城市资本—规模弹性超过 0.8，市场力量作用下的资本空间极化效应很强，但该区域人均资本存量的均值水平低于北部和东部沿海，这可能是因为区域内城市发展的不平衡程度较高，尽管起步时间相近，但海南省的发展水平是远落后于广东和福建的。黄河中游地区城市的资本—规模弹性较低，因为这一区域有许多资源型城市，产业的集中更多源于传统资源优势，新经济地理模型预期的本地市场效应不强。东北地区和西北地区城市规模对人均资本的影响为负，有些令人惊讶，但考虑到东北作为计划经济时代的老工业区，其早期的产业集聚完全是政府主导的结果，随着原有重型工业衰退，城市发展的后劲不足；而大西北是中国经济相对较为落后的区域，市场狭小，投资大多来源于政府的基础设施建设，由于人口稀少，人均分摊的资本存量较高但实际经济效益很低，因此，与理论预期不符的参数估计可能反映了这两个区域在发挥城市集聚经济上面临的"瓶颈"。

5.6　本章小结

本章根据新经济地理学框架下的资本流动模型，考察城市规模与资本空间集聚之间的作用机制。使用 2003～2009 年中国 653 个县级及以上城市面板数据的回归结果表明，对于普通的地级城市和县级城市而言，城市规模增加 1% 导致人均资本存量平均增加约 0.22%。当资本可以在城市间自由流动时，人口比例高的城市其资本存量将占有一个相应更高的份额，这是因为垄断竞争部门的厂商倾向于在大市场集聚以节约区间交易成本、实现产业的规模经济，所以，大城市对资本要素有超出其原有禀赋的需求和更高的支付意愿，导致小城市反而向大城市输出资本。省会级以上城市由于需要发挥区域性管理职能，城市规模对人均资本的影响更强，但普通地级市并没有因为市管县体制而获得额外的资本积累。对人均资本不同分位点的进一步估计显示，城市规模对人均资本条件分布两端的影响低于其对中间部分的影响，因此，城市规模的影响在人均资本处于中等水平的城市中最明显，而对资本非常匮乏或非常充裕的城市作用相对较弱。

本章的研究，为解释中国资本积累的区间差异提供了新的视角，考虑到当前中国经济增长很大程度上仍然是投资驱动型，因此，人均资本的区间差异将导致经济发展在空间上的不平衡，这种不平衡不仅表现在以往所关注的东南沿海与中西部内陆之间，也表现在不同规模、不同等级的城市之间。从政策层面来说，本章的研究具有以下启示：（1）缩小区域经济差异，需要进一步推动资本缺乏和资本中等水平地区的城市化进程和城市规模发展。2011 年，中国城市化率首次突破了 50%，但各地的城市化水平仍存在较大差异，经济欠发达地区尤其需要大力推进人口集聚以促进产业集聚和资本积累，扭转新增资本从小城市向大城市"回流"的局面。（2）本章的估计结果显示，区间交易成本降低，可能加剧城市规模经济带来的资本极化，因此，在推进市场一体化过程中更加需要城市化的同步推进作为保障。（3）根据对八大经济区的实证分析，东北和西北等部分区域应首先从整体上调整自身经济结构，使城市发展由政府主导转为市场导向，以利于城市集聚效应和规模经济效应的发挥。

第 6 章

城市规模、厂商筛选效应与
城市生产率差异的来源

前文研究已表明，以固定效应控制地理环境和资源禀赋等先天条件后，城市集聚经济和规模效应是城市和区域经济效率的重要决定因素。产业集聚能够带来劳动生产率和资本的报酬递增并产生自我强化机制，集聚程度高的城市和地区具有更高的人均资本积累率和生产效率。集聚经济的来源通常被归因于三个传统的集聚外部性：劳动力蓄水池共享、中间产品的规模经济以及技术（特别是隐性技术）外溢。在新经济地理（NEG）框架下，规模经济导致的本地市场效应进一步促成了集聚经济。基于新古典生产函数的经验研究，将集聚经济作为全要素生产率的解释变量，新经济地理理论则主要关注以厂商数量表示的市场规模与要素报酬的内生作用机制。然而，无论是新古典主义经济还是新经济地理模型，它们都假设各地所有厂商具有内在同质性，各地厂商效率的差别源自所处城市的集聚经济外部性。

近年来，一些集聚经济的前沿研究指出厂商同质假设在概念上和现实中的严重缺陷，揭示了厂商内在效率的差异对城市和区域经济效率的影响，并提出了更加合乎实际的新假说。集聚经济固然能提升厂商效率，但是，大城市的高成本和竞争环境也对厂商产生选择效应（selection effects），同时，厂商还根据不同市场条件下的预期收益有意识地选择区位（sorting effects）。显然，上述后两种效应导致的不同规模城市效率的差异，反映的是内在效率不同的厂商在不同城市间的分布差异而非城市集聚经济的差异。① 准确识别集聚经济来源和定量估计集聚效益是制定合理的城市发展政策的基础。现有的研究很可能在理论和概念上夸张了集聚经济的作用，这种偏误必然会影响到相关政策的针对性和效力。但是，基于异质性企业分布特征对中国城市经济效率的研究至今仍不充分，尤其是没有在一个统一的模型中同时刻画企业与城市之间的双向选择机制。本章致力于弥补这一不足，通过一个"新新经济地理"分析框架和中国工业企业微观数据库，考察不同规模城市中厂商效率分布的差异，检验市场筛选和厂商自我选择效应导致的内生集聚模式，并据此讨论相关政策含义。本章内容安排如下：第6.1节对新新经济地理模型的发展脉络和主要成果作一综述；第6.2节在已有成果基础上，构造一个改进的异质厂商内生集聚模型，分析城市规模对厂商效率分布的影响机制；第6.3节设计了一个两阶段计量策略；第6.4节估算厂商全要素生产率；第6.5节分别对全部制造业和代表性行业厂商效率分布进行实证检验；第6.6节是本章研究的小结。

---

① 现有文献对这两个名词没有统一的界定。根据鲍德温和大久保（Baldwin，Okubo，2006）的定义，selection effects意味着市场对企业效率分布的作用导致标准的经验测度高估了集聚经济，sorting effects表明外生的区域政策引发高生产率企业或劳动力迁移到核心地区。而贝伦斯和罗伯特—尼寇德（Behrens，Robert-Nicoud，2015）认为，前者是城市市场对内部异质企业或劳动力的效率选择，后者是异质企业或劳动力在城市间的内生区位选择。本章并不对这两种效应作概念上的额外区分，在理论和经验分析中引入一个双向的筛选机制结果同时包含这两种效应。

6.1　异质性厂商与新新经济地理研究背景

新经济地理理论和模型对产业空间集聚理论融入主流经济学作出了开创性贡献，也为区域经济学的理论和实证研究提供了一套分析工具（Krugman，1991；Fujita et al.，1999）。然而，随着研究的深入，新经济地理模型的一些缺陷也逐渐显现。根据第 2 章的总结，新经济地理模型建立在三个主要假设上：①消费者偏好多样化产品，产品间具有不变替代弹性；②垄断竞争的制造业厂商具有规模报酬递增特性，每个企业以同样的生产函数生产一种独特的产品；③制造业产品在地区间的运输成本由"冰山"模型所定义。在这些假设条件下，均衡时所有厂商都制订相同的价格、具有相同的规模。这些假设显然与现实相去甚远。例如，霍姆斯和史蒂文斯（Holmes，Stevens，2002）的实证研究表明，某一产业的厂商在该产业集聚程度高的地区规模要显著大于集聚区以外的厂商规模。由于新经济地理忽略了厂商和劳动力的异质性，因而也就忽略了不同效率的厂商或不同技能的劳动力在不同规模市场间的内生集聚机制（Behrens，Robert-Nicoud，2011）。一些最新研究试图通过理论和实证研究修正和改进传统集聚理论与新经济地理模型，其中，一项主要工作是将厂商和劳动力的异质性纳入分析框架。奥塔维亚诺（Ottaviano，2011）称这些研究为"新新经济地理"（"New" New Economic Geography）。

NNEG 模型建立在梅利兹（Melitz，2003）对新贸易理论的改进工作上。梅利兹（Melitz，2003）否定了新贸易理论中厂商具有相同边际成本的假设，引入厂商的效率参数 φ 及其分布 $\mu(\varphi)$，证明市场存在一个均衡临界效率，效率高于临界值的厂商能够出口商品，效率稍低的厂商只服务于本国市场，而效率更低的厂商被迫退出，效率越高的厂商生产规模越大、收益越多。后续研究者将厂商边际成本或边际生产率的差异，引入对集聚的分析。西维尔森（Syverson，2004）指出，市场中某类产品供应者的密度越高，消费者越容易寻找替代厂商，因此，市场竞争更加激烈，低效供应商无利可图退出市场。该研究利用美国混凝土行业的数据，证实了市场密度对厂商效率分布的影响。诺克（Nocke，2006）构建的企业区位选择模型修改了 Melitz 模型中厂商区位固定在创始国的假设，认为新企业家会在获知其效率水平后选择收益最高的市场，越有才能的企业家选择进入越大的市场。鲍德温和大久保（Baldwin, Oku-bo，2006）将厂商异质性引入马丁和罗杰斯（Martin, Rogers，1995）提出的自由资本模型，从理论上证明了如果允许厂商进行区位再选择，小城市中效率最高的厂商将迁移到较大的城市。梅利兹和奥塔维亚诺（Melitz, Ottaviano，2008）深入考察了市场规模对城市生产效率的影响机制，将厂商边际成本异质性引入奥塔维亚诺等（Ottaviano et al.，2002）的准线性效用函数和集聚与贸易模型：差异化的厂商能够对其商品制定不同的价格，当某厂商的价格过高时，消费者将改用较廉价的替代产品；在该模型中，厂商边际效率的差异决定了其所能制定的最低价格，低效厂商因无法售出商品而退出市场，市场规模决定了厂商的效率分布和市场平均价格。贝伦斯和罗伯特—尼寇德（Behrens, Robert-Nicoud，2014）构建的多区域模型将城市规模内生化，城市的市场规模通过上述筛选机制提高了在位厂商的平均效率，同时，更高的效率又吸引人口进一步流入、推动城市规模增长。库姆斯等（Combes et al.，2012）利用法国厂商数据检验了筛选效应与集聚效应对厂商效率分布的不同影响，结果却发现不同规模城市的筛选效应没有显著区别，生产效率的空间差异仍主要归因于集聚效应。有本等（Arimoto et al.，2014）沿用库姆斯等（Combes et al.，2012）的方法检验了日本制丝工业厂商的效率分布，发现在集聚程度高的地区，厂商效率分布曲线不仅存在较高的左截尾，而且右侧扩张程度较小，意味着筛选效应对低效厂商具有较大的影响。

国内学者对中国工业部门的集聚效应及其来源进行了大量研究，早期代表性研究主要考察行业的空间分布，完全忽略了行业内厂商的个体差异。近期的一些研究显示，市场集聚因素的作用在厂商层面表现出差异。其中，傅十和和洪俊杰（2008）的研究显示，不同规模的企业在不同类型的城市中具有不同的集聚效益，陆毅等（2010）发现，中国的产业集聚与企业规模之间同样存在正相关关系，刘修岩和张学良（2010）发现，地区的产业专业化、产业多样性和市场潜能等变量都对该地区期望进入的企业数量有显著的正向影响。简泽和段永瑞（2012）通过估计企业市场份额的赫芬达尔指数对企业 TFP 不同分位点的影响，证明行业市场竞争的增强推动了全要素生产率上四分位数以下企业的生产率增长，逃离竞争效应在低生产率的企业中起着主导作用。孙浦阳等（2013）利用 1998～2007 年中国工业企业数据库检验了中国制造业企业生产率分布的离散程度，结果表明各行业产品替代程度会显著影响行业生产率分布水平。梁琦等（2013）指出，中国工业企业效率分布的低分位值对地区市场潜能更为敏感。然而，上述研究虽然不同程度上借鉴了异质性模型的思想，但仍主要将厂商层面的效率差异置于集聚经济的框架之中，基于严格的"新新经济地理"理论框架考察城市规模—效率筛选效应与中国企业内生集聚的研究依然鲜见。本章以梅利兹和奥塔维亚诺（Melitz, Ottaviano, 2008）和库姆斯等（Combes et al., 2012）的研究为起点，将异质企业内生集聚模型用于对中国城市经济效率的分析。并且，本章在两个重要方面有别于上述文献。首先，本章的理论假设更加合乎厂商实际行为。梅利兹和奥塔维亚诺（Melitz, Ottaviano, 2008）和库姆斯等（Combes et al., 2012）的均衡模型忽略了厂商的区位再选择过程，假设厂商一旦（或许随机）进入某一市场后，由于自身效率和市场竞争程度的差异，不是生产就是倒闭，大城市的激烈竞争淘汰了低效厂商，但高效厂商却不会对差异化的市场作出重新选址的反应。与此不同，本章引入鲍德温和大久保（Baldwin，Okubo，2006）提出的区位再选择过程，其中，低效厂商可能在竞争激烈的大城市难以生存而迁往小市场，而高效厂商从小城市迁往更大的市场，从而在理论上得到不同于前述文献的大小城市厂商效率分布曲线。其次，中国幅员辽阔、区域市场规模差别显著。已有研究普遍认为，中国至今仍存在各种形式的地方保护主义，地区间交易成本相对较高，因此，中国的区域和厂商数据比法国区域数据更适合于检验本地市场规模对厂商效率的选择效应，相应的经验研究有可能得到比国际文献更典型的结论。

6.2　城市规模与异质厂商内生集聚模型

本节首先借鉴梅利兹和奥塔维亚诺（Melitz，Ottaviano，2008）和库姆斯等（Combes et al.，2012）的理论，随后假设厂商在获知其边际成本后重新选择最佳区位，分析厂商效率在城市内和城市间的最终均衡分布。我们沿用新新经济地理模型常用的准线性效用函数（quasi-linear utility function）。与 CES 效用函数不同，该效用函数中商品具有可变替代弹性，该函数形式意味着厂商的价格加成随竞争者数量的增加而减少，这显然更加符合实际。先假设消费者与生产者在同一城市（后面将分析多个城市的情形），消费者具有一致的偏好，其效用函数为如下形式：

$$U = q_0 + \alpha \int_{i \in \Omega} q_i di - \frac{1}{2}\beta \int_{i \in \Omega} (q_i)^2 di - \frac{1}{2}\gamma \left(\int_{i \in \Omega} q_i di \right)^2$$

$$(6-1)$$

式（6-1）中的 q_0 和 q_i 分别代表同质商品（作为计价品）和异质产品。α 和 $\gamma(\alpha > 0，\gamma > 0)$ 共同表示异质消费品与同质商品的替代程度，α 增大或 γ 减小均意味着消费者对异质产品的偏好增加。$\beta(\beta > 0)$ 测度消费者对产品差异化的偏好程度，当 β 趋近 0 时，异质商品之间完全替代，消费者只在乎异质产品总量的多少。假设消费者所拥有的计价品初始禀赋足够大，使得均衡时每一消费者对同质商品的需求为正，则由效用最大化条件可得，每一消费者对每一异质商品的反需求函数：[①]

$$p_i = \alpha - \beta q_i - \gamma Q \qquad (6-2)$$

其中的 $Q = \int_{i \in \Omega} q_i di$ 为个体消费者对异质商品的总需求。式 (6-2) 意味着，当商品 i 的价格 p_i 过高时，其需求 q_i 将降为 0。定义全部潜在异质产品 Ω 的一个子集 Ω^* 表示所有需求量为正的异质商品的集合，集合中产品种类数为 ω，产品平均价格 $P = \frac{1}{\omega}\int_{i \in \Omega^*} p_i di$。将式 (6-2) 的价格水平加总得 $\int_{i \in \Omega^*} p_i di = \omega\alpha - \beta Q - \omega\gamma Q$，可以求得 $Q = (\omega\alpha - \omega P)/(\beta + \omega\gamma)$，再次代入式 (6-2) 解出：

$$q_i = \frac{1}{\beta + \omega\gamma}\left(\alpha + \frac{\omega\gamma}{\beta}P\right) - \frac{1}{\beta}p_i, \quad i \in \Omega^* \qquad (6-3)$$

$q_i \geq 0$ 要求 $p_i \leq p_{max} = (\alpha\beta + \omega\gamma P)/(\beta + \omega\gamma)$。异质商品的生产遵循垄断竞争模式，设厂商 i 进入市场时需要支付用于获取执照、设厂、培训等固定成本 F，生产一单位产品的边际成本为 c_i。与 NEG 模型假设所有厂商具有一致的成本函数不同，此时厂商的效率水平是差异化的，边际成本的概率分布密度是 $g(c)$，累积分布函数为 $G(c)$。在进入市场后，边际收益足够抵补边际成本的厂商继续生产，而边际成本过高的厂商被市场淘汰。厂商根据需求函数 (6-3) 决定价格和产量以最大化其利润水平，设消费者总数为 N，则边际成本为 c 的厂商利润最大化产量 $Q(c)$ 与价格 $p(c)$ 满足：

---

① 反需求函数的推导细节，参见奥塔维亚诺等（Ottaviano et al. , 2002）。

$$Q(c) = \begin{cases} \dfrac{N}{\beta}[p(c) - c], & \text{if } p(c) \leqslant p_{max} \\ 0, & \text{if } p(c) > p_{max} \end{cases} \qquad (6-4)$$

以 $\bar{c}$ 表示厂商在市场中生存的临界边际成本，临界厂商的利润最大化价格恰为 p_{max}。由 $Q(\bar{c}) = 0$ 知 $\bar{c} = p_{max}$，即：

$$\bar{c} = \frac{\alpha\beta + \omega\gamma P}{\beta + \omega\gamma} \qquad (6-5)$$

将式（6-5）代入式（6-3）有 $Q(c) = Nq_i = N[\bar{c} - p(c)]/\beta$，再次使用利润最大化一阶条件得到 $p(c) = (\bar{c} + c)/2$，从而厂商的利润是：

$$\pi(c) = \frac{N}{4\beta}(\bar{c} - c)^2 \qquad (6-6)$$

给定临界边际成本，边际成本越低的厂商效率越高、获得的收益越大。尽管高效厂商定价 $p(c)$ 较低，但其销售规模 $q(c)$ 更大。厂商的自由进入，使得均衡时预期利润等于进入成本，因此有：

$$\frac{N}{4\beta}\int_0^{\bar{c}}(\bar{c} - c)^2 g(c)dc = F \qquad (6-7)$$

由式（6-7）可知，给定进入成本 F、产品异质程度 β 和厂商效率的先验分布 $g(c)$，以消费者数目 N 表示的市场规模越大，临界边际成本 $\bar{c}$ 就必须越低。较大的市场能够吸引更多的潜在进入者，因而市场竞争更加激烈，高效厂商可以通过减少价格加成来扩大销售规模，导致市场的平均价格水平下降，低效厂商降低价格的能力有限而不得不退出市场，竞争最终抬高了在市场中生存的效率门槛。在这一模型中，由于市场和厂商的双向筛选效应，即使不存在产业集聚的外部效应，大城市也会因临界边际成本较低而表现出较高的平均生产效率。

上述模型适用于单独的城市，现在将其扩展到具有经济联系的多个城市。若城市间存在冰山形式的交易成本 $\tau > 1$，设城市 i 和城市 j 本地厂商的临界边际成本分别为 $\bar{c}_i$ 和 $\bar{c}_j$，则城市 i 中只有边际成本低于 $\bar{c}_j/\tau$ 的厂商方能进入城市 j 的市场，边际成本高于 $\bar{c}_j/\tau$ 但低于 $\bar{c}_i$ 的厂商只在本地销售。根据自由进入条件，式（6-7）可重写为：

$$\frac{N_i}{4\beta}\int_0^{\bar{c}_i}(\bar{c}_i-c)^2 g(c)dc + \frac{N_j}{4\beta}\int_0^{\bar{c}_j/\tau}(\bar{c}_j-\tau c)^2 g(c)dc = F$$

$$(6-8)$$

同理，可以写出城市 j 厂商的自由进入条件。两个均衡条件决定了各城市的临界边际成本，从而决定了城市厂商的实际效率分布。由于进入城市 i 或城市 j 的固定成本均为 F，可以得到：

$$\frac{N_i}{4\beta}\left[\int_0^{\bar{c}_i}(\bar{c}_i-c)^2 g(c)dc - \int_0^{\bar{c}_i/\tau}(\bar{c}_i-\tau c)^2 g(c)dc\right]$$

$$=\frac{N_j}{4\beta}\left[\int_0^{\bar{c}_j}(\bar{c}_j-c)^2 g(c)dc - \int_0^{\bar{c}_j/\tau}(\bar{c}_j-\tau c)^2 g(c)dc\right]$$

$$(6-9)$$

当 $\tau>1$ 时，式（6-9）括号中的函数是临界边际成本 $\bar{c}$ 的增函数，因此，若城市 i 的规模大于城市 j（即 $N_i>N_j$），则 $\bar{c}_i<\bar{c}_j$。这意味着，当城市间存在贸易时，大城市仍然比小城市有更高的门槛效率水平。注意到若 $\tau\to 1$，则两地厂商都面对同样规模的市场 N_i+N_j，所以区间交易成本较低时，不同规模城市门槛效率差异较小。

已有的理论（Melitz, Ottaviano, 2008；Combes et al., 2012）普遍假设厂商进入某一城市并支付固定成本 F 后从分布 G(c) 中获得其边际成本，若该成本高于临界成本，厂商退出市场，否则在本市进行生产，厂商获知其实际效率后不改变区位选择，因此，不同规模城市的在位厂商具有相同的潜在效率。根据马歇尔的传统集聚理论（Marshall, 1890），城市的集聚外部性影响厂商的技术参数，因此在市场规模对不同城市厂商效率分布的下限存在内生选择机制的同时，市场中在位厂商的效率差异则完全由集聚外部效应决定。

这一假设显然与实际相去甚远。有别于已有文献，本章分析若厂商在获知其边际成本后重选区位，城市的均衡效率分布如何变化。

如果位于小城市 j 且向大城市 i 出口商品的某一厂商迁移至城市 i，其利润的变化为：

$$\Delta\pi(c) = \frac{(\tau-1)c}{4\beta}\left[N_i(2\bar{c}_i - \tau c - c) - N_j(2\bar{c}_j - \tau c - c)\right], \quad c \leqslant \bar{c}_i/\tau$$

$$(6-10)$$

可以证明，当 $N_i\bar{c}_i - N_j\bar{c}_j > 0$ 时，存在临界值 $c_H = 2(N_i\bar{c}_i - N_j\bar{c}_j)/[(\tau+1)(N_i - N_j)]$，使边际成本 $c < c_H$ 的厂商单独从城市 j 迁移至城市 i 能够获得更高的收益。[①] 我们令 $F(N, \bar{c}(N)) = N(\int_0^{\bar{c}}(\bar{c}-c)^2 g(c)dc - \int_0^{\bar{c}/\tau}(\bar{c}-\tau c)^2 g(c)dc)$，注意到前文等式 (6-9) 意味着当 N 改变时，$\bar{c}(N)$ 的自动调节使得 $F(N, \bar{c}(N))$ 为一定值，于是 $dF(N, \bar{c}(N))/dN = 0$，因此有：

$$-N\frac{\partial\bar{c}}{\partial N} = \frac{\int_0^{\bar{c}}(\bar{c}-c)^2 g(c)dc - \int_0^{\bar{c}/\tau}(\bar{c}-\tau c)^2 g(c)dc}{2\left[\int_0^{\bar{c}}(\bar{c}-c)g(c)dc - \int_0^{\bar{c}/\tau}(\bar{c}-\tau c)g(c)dc\right]}$$

$$(6-11)$$

式 (6-11) 右侧分母乘以 $\bar{c}$，再减去分子可得：$\int_0^{\bar{c}}(\bar{c}^2 - c^2)g(c)dc - \int_0^{\bar{c}/\tau}(\bar{c}^2 - \tau^2 c^2)g(c)dc = \int_0^{\bar{c}/\tau}(\tau^2-1)c^2 g(c)dc + \int_{\bar{c}/\tau}^{\bar{c}}(\bar{c}^2 - c^2)g(c)dc > 0$。这意味着，式 (6-11) 小于 $\bar{c}$，则有 $\bar{c} + N(\partial\bar{c}/\partial N) > 0$，所以 $N\bar{c}$ 关于 N 单调递增。当 $N_i > N_j$ 时，$N_i\bar{c}_i - N_j\bar{c}_j > 0$ 恒成立，因此若其他厂商不改变各自的区位决策，则小城市中边际成本 $c < c_H$ 的高效厂商有迁至大城市的动机。另一方面，大城市 i

---

① 注意到当 $c = 0$ 时，式 (6-10) 恒为 0，这是因为边际成本为 0 的厂商 $\tau c = c$，厂商无需支付交易成本因而不受区位影响，但现实中不存在无需边际投入的厂商，因此，$c = 0$ 只是分布函数设定的一个边界。

中效率较低因而仅仅服务于本地市场的厂商，若单独迁移至小城市 j，则利润变化为：

$$\Delta\pi(c) = (1/4\beta)\left[N_j(\bar{c}_j - c)^2 - N_i(\bar{c}_i - c)^2\right], \quad \bar{c}_j/\tau \leqslant c \leqslant \bar{c}_i$$

$$(6-12)$$

边际成本 $c > c_L = (N_i^{1/2}\bar{c}_i - N_j^{1/2}\bar{c}_j)/(N_i^{1/2} - N_j^{1/2})$ 的厂商有迁至小城市以规避竞争的动机。由于 $\bar{c}_i < \bar{c}_j$，易于证明 $c_L < \bar{c}_i$，因此，大城市中的部分低效厂商迁到小城市后可获得较高收益。我们的模型结果与鲍德温和大久保（Baldwin，Okubo，2006）的研究中大城市所有厂商都无法从迁移至小城市中获益的结论不同。[①]

当高效厂商进入大城市、低效厂商离开大城市的过程开始以后，大城市 i 的异质产品价格指数 P_i 将逐渐下降，由式（6-5）知大城市的临界边际成本 $\bar{c}_i$ 降低，而小城市的临界边际成本 $\bar{c}_j$ 则会增加。大城市的市场竞争更加激烈，可以获得的价格加成 $p_i = (\bar{c}_i + c)/2$ 减少，导致其对厂商的吸引力下降。相反，小城市对于厂商的吸引力增加。可以预期，最终当 $\bar{c}_i = c_H = c_L < \bar{c}_j$ 时，达到均衡。此时，边际成本处于（0，c_H）的厂商在大城市集聚，而（c_H，$\bar{c}_j$）的厂商在小城市集聚。现实中，厂商的区位再选择需要支付一定的成本，因此，不易出现大小城市效率的完全分化，结果是大城市的临界边际成本低于小城市，两类城市都有一部分中等效率的厂商，而高效厂商更多集中在大城市。

集聚经济与筛选效应的完整表现，综合了以下几种可能：集聚经济使得大城市厂商效率的密度分布曲线向效率更高的右侧整体移动，且分布曲线因高效厂商在大城市获得更多的集聚效益而进一步

---

① 还有 $\bar{c}_i/\tau \leqslant c \leqslant \bar{c}_j/\tau$ 的厂商，即可以从大城市向小城市出口，但无法从小城市向大城市出口的厂商，其迁移利润变化较为复杂，取决于各参数的具体值，但这一部分厂商并不会改变由上述两种情形得到的基本结论。

向右扩张，同时导致密度曲线高度下降;① 筛选效应则使大城市厂商的效率分布相对于小城市有更高的左侧截尾。图6-1（A）描绘了上述左侧单截尾的理想化分布，虚线和实线分别表示小城市和大城市厂商效率的分布。可是，上述推断忽略了高效厂商为接近大市场而避开或迁离小城市导致小城市厂商效率分布曲线右侧截尾的可能。与此不同，本章的理论模型分析预示不仅大城市曲线比小城市有较高的左侧截尾，而且小城市相对于大城市有右侧截尾，随着城市规模增长，厂商效率分布曲线不仅因集聚经济而整体右移，而且大、小城市分别出现左侧截尾、右侧截尾。图6-1（B）表示，大小两类城市对数化全要素生产率的理想化概率密度分布。现实中，总有个别厂商因特殊原因（特别是非经济原因）选择了看似有悖于理论预期的区位，实际的厂商效率密度分布不存在整齐的截尾，大小城市都会有些厂商的效率位于理论截尾以外——实际表现为效率分布随着城市规模的扩大左侧尾部逐渐收缩而右侧尾部逐渐延伸。此外，筛选效应对大城市的低效厂商和小城市的高效厂商影响较大，对中等效率厂商影响较小，所以我们预期随着城市规模的增长，集聚经济与筛选效应的叠加将使得低分位点和高分位点的厂商效率较中等分位点的厂商增长更快，预期的实际分布，如图6-1（C）所示。

---

① 库姆斯等的研究指出，如果集聚经济对所有厂商和劳动力具有相同影响，可以预期大城市厂商的效率分布曲线相对于小城市向右平行移动；若集聚经济对不同厂商和劳动力有差异化影响，则素质高的劳动力能够在高效厂商更好地发挥其专长，并且在与其他劳动力交流过程中获得更多技术外溢，因此，效率越高的企业和劳动力从集聚中获得的收益越大，于是大城市厂商的效率分布曲线相对于小城市不仅向右移动而且向右扩张。参见库姆斯等（Combes et al. , 2011, 2012）。集聚程度越高的地区，劳动力在厂商中的学习越重要这一模型源于格莱泽（Glaeser, 1999）。

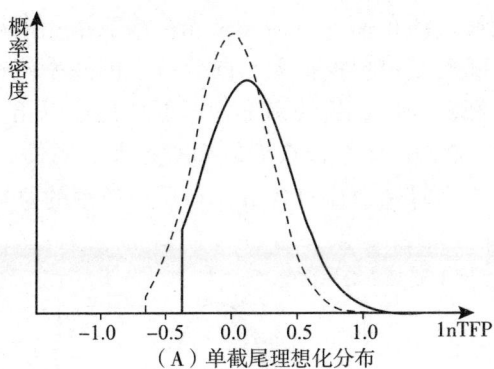

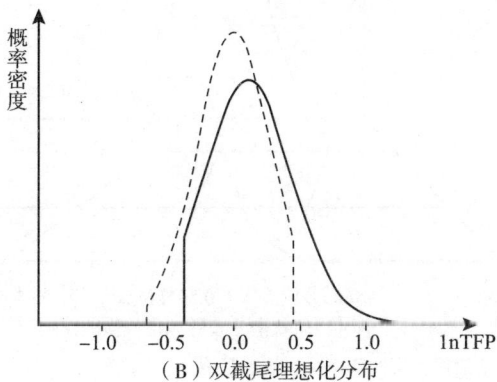

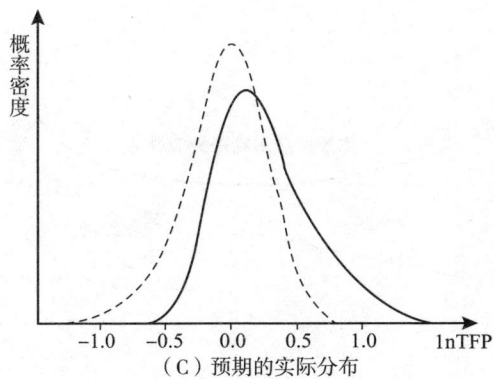

图 6 - 1   集聚经济与筛选效应叠加作用下异质企业的效率分布

不失一般性，图 6 - 2（A）用三条曲线表示一个规模从小到大的城市序列。随着城市规模扩大，同分位点的效率值逐渐增大，其中，低分位点和高分位点的效率分别因低效厂商退出大城市和高效厂商迁出小城市而较中等分位点的效率有更大的增长。图 6 - 2（B）表示，集聚经济和筛选效应对各分位点厂商效率的叠加，其共同的

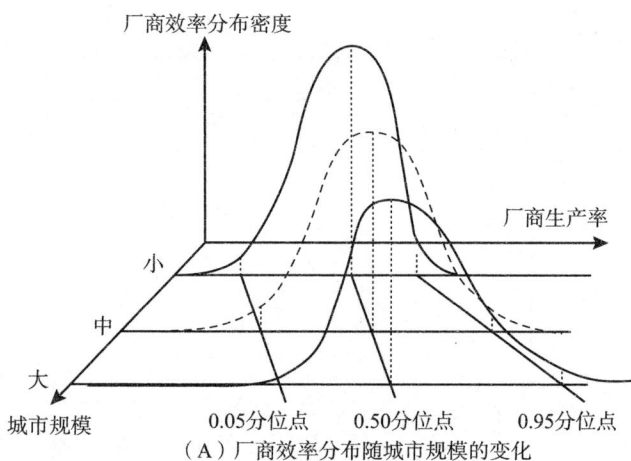

（A）厂商效率分布随城市规模的变化

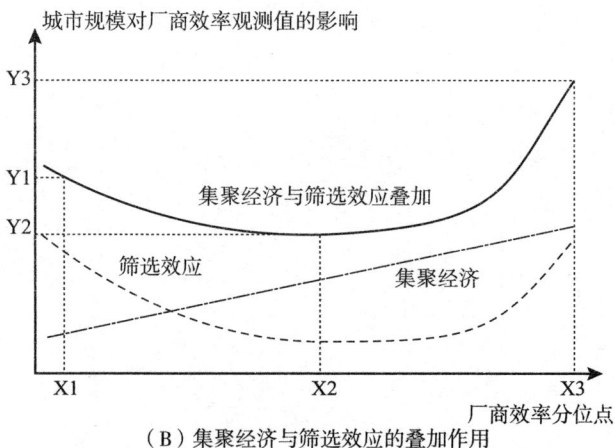

（B）集聚经济与筛选效应的叠加作用

图 6 - 2　集聚经济与筛选效应作用下厂商效率分布随城市规模的变化

作用在两端较大，在中间区段的某分位点最小。比较不同分位点之间效率的差异，可以认为低分位点效率与极小效率的差别（Y1 – Y2）完全来自（且低估了）筛选效应，高分位点效率与极小效率的差别（Y3 – Y2）是筛选效应和集聚经济共同作用的结果。

6.3　企业效率测度和计量检验策略

我们需要通过测度不同规模城市中厂商的效率分布来检验上述理论预期。但是，实证分析中对城市规模分组既带有一些任意性且丢弃了连续变化数据中的大量信息，而且基于城市大小简单分组的代表性实证研究（Combes et al.，2012）尚未得到可靠的结论。因此，除了进行大小城市效率的初步比较外，本章的实证分析重点是借鉴并改进西维尔森（Syverson，2004）的方法，利用计量方程检验城市规模连续变化对效率分布的影响。西维尔森（Syverson，2004）仅使用综合生产率检验了单一低分位点与均值（中位数）的差别。我们设计了如下两阶段计量分析。

第一阶段，厂商的实际生产率由若干部分构成：厂商所属行业的技术特征、厂商的内在效率以及外部环境的冲击。为了分解这些成分，我们利用面板数据模型估计如下厂商生产函数：

$$\ln VA_{jit} = \alpha_{i0} + \alpha_{i1} \ln k_{jit} + \alpha_{i2} \ln l_{jit} + u_{ji} + e_{jit} \qquad (6-13)$$

VA_{jit}、k_{jit} 和 l_{jit} 分别是第 t 年产业 i 中厂商 j 的工业增加值、资本存量和劳动力数。在计算厂商的工业增加值时，从总产值中减去中间投入品价值。由于不同产业部门具有不同的技术，因此我们对每一产业的企业样本分别回归估计，常数项 α_{i0} 反映行业的技术或效率水平。复合扰动项 $u_{ji} + e_{jit}$ 测度厂商个体面对的技术水平和冲击，其中，u_{ji} 是厂商的固定效应，而 e_{jit} 是随时间变化的随机误差。假设厂商的内在生产率短期内不变，剥离随机误差 e_{jit} 后的厂商固定

效应 u_{ji} 反映了各个厂商的内在效率。我们将这一阶段得到的厂商个体内在效率记为 lnTFP_u。作为初步分析，我们将城市分为大小两组，比较其效率分布曲线。

第二阶段，是识别每个城市在代表性效率分位点（0.05，0.10，0.25，0.50，0.75，0.90，0.95）的厂商效率值，进而估计每个分位点的城市截面效率方程，并讨论参数的变化模式。由于选择效应的存在，城市内部厂商的固定效率分布会因城市规模不同而发生变化。依照本章的理论预期，城市规模越大，城市内厂商的门槛效率越高（大城市曲线左侧截尾或收缩），同时，高效厂商也会选择进入大市场以获得更高收益（小城市曲线右侧截尾或收缩）。因此，如果考察城市内不同分位点的厂商固定效率，则大城市在低分位点（如 0.05 和 0.10）和高分位点（如 0.90 和 0.95）厂商的效率值都应高于小城市同样分位点厂商的效率。因城市集聚经济对所有分位点厂商效率影响的叠加，各城市厂商效率分布曲线上同一分位点对应的效率水平将随着城市规模增大而增大，见图 6-2。除了城市市场规模外，城市基础设施、人力资本等因素也可能影响不同效率厂商的区位选择，进而影响城市内厂商的效率分布。因此，截面方程必须控制这些城市变量。本章将首先检验制造业所有厂商在各城市同分位点效率值随城市规模扩大而变化的规律，然后，选择样本规模最大的 4 个行业分别检验每个行业厂商效率的分布变化规律。各个分位点的城市截面方程为：

$$\text{lnTFP\_u}_{qst} = \beta_0 + \beta_1 \ln pop_{st} + \sum_k \beta_k x_{kst} + \varepsilon_{st} \quad (6-14)$$

方程（6-14）的被解释变量为第 t 年城市 s 的效率分位点 q 上的厂商固定效率水平，城市人口规模 pop_{st} 是解释变量，其他因素 x_{kst} 是控制变量。比较不同分位点的参数估计值，将有助于揭示厂商效率差异的来源。

6.4 厂商内在效率的估算和分布

国家统计局根据企业提交的季报和年报构建了《全部国有及规模以上非国有工业企业数据库》。该数据库包括制造业、采矿业、建筑业和电力、燃气及水的生产供应业中所有国有企业和年销售额在 500 万元以上的非国有企业，其中，制造业厂商占总数的 90% 以上。由于采矿业分布于特定地区，而建筑业和电力、燃气及水供应业是公共基础部门，它们都不能反映市场和厂商间筛选效应，所以，本章以制造业企业为研究对象。企业数据全部来自该数据库。由于 2003 年及此前历年样本远小于 2004 年（第一次经济普查）及以后历年样本，[①] 而 2008 年及后续年份缺少计量模型所需的工业增加值（或可用来计算增加值的中间投入）指标，因此，本章使用 2004 ~ 2007 年数据。从样本中剔除历年法人代码与法人单位不一致、行业分类代码不一致以及工业增加值、资本存量和劳动力为零或负值的观测，得到有 4 年连续数据的厂商 151483 家。为了消除历年价格水平波动的影响，我们以 2000 年为基期利用厂商所在省区市各年商品零售价格指数和固定资产投资价格指数对工业增加值和资本存量进行平减。表 6 - 1 报告 2007 年各二位数行业厂商数以及投入与产出描述统计。可以看到，不同行业的平均资本规模和产出规模具有显著差异，垄断型的烟草行业以及石油加工业厂商规模较大，而市场化程度较高的纺织、塑料制品等行业则以中小企业为主。为了使不同行业厂商的效率具有可比性，在估算各城市所有厂商的效率分布时剥离了行业平均效应 α_{i0}。

---

① 2003 年总样本数为 196222，此前，各年样本在 150000 ~ 180000 的数据规模，而 2004 年为 279092，到 2007 年达到 336768。

表6-1　2007年各行业厂商的描述统计

行业代码	行业类型	厂商样本数	其中：在地级市数	各行业厂商产出和投入要素均值			
				工业增加值	资本存量	职工数	
13	农副食品加工业	8212	2619	36064	64293	187	
14	食品制造业	3097	1561	38727	91668	271	
15	饮料制造业	2011	760	60523	147828	303	
16	烟草制品业	100	63	1430811	2029117	857	
17	纺织业	14771	6435	23054	64007	300	
18	纺织服装、鞋、帽制造业	7453	4253	19172	39364	338	
19	皮革、毛皮、羽毛（绒）及其制品业	3975	1993	25548	46593	437	
20	木材加工及木、竹、藤、棕、草制品业	2963	932	19275	38718	181	
21	家具制造业	1804	1114	22320	55451	316	
22	造纸及纸制品业	4602	2243	27257	96427	204	
23	印刷业和记录媒介的复制	2801	2032	16791	55551	175	
24	文教体育用品制造业	2188	1265	17680	43460	368	
25	石油加工、炼焦及核燃料加工业	978	513	225156	577812	515	
26	化学原料及化学制品制造业	11404	5743	41328	122108	211	
27	医药制造业	2862	1615	51859	154778	300	
28	化学纤维制造业	840	340	64693	253446	342	
29	橡胶制品业	1869	909	36411	105200	332	
30	塑料制品业	7356	4761	18087	50676	185	

续表

行业代码	行业类型	厂商样本数	其中：在地级市数	各行业厂商产出和投入要素均值		
				工业增加值	资本存量	职工数
31	非金属矿物制品业	12299	4917	25438	71087	234
32	黑色金属冶炼及压延加工业	3543	1635	190703	618477	603
33	有色金属冶炼及压延加工业	2850	1369	88675	232085	319
34	金属制品业	8211	5205	21480	54331	195
35	通用设备制造业	12287	6946	26151	79856	209
36	专用设备制造业	5770	3690	31597	103481	253
37	交通运输设备制造业	6769	4286	74947	260425	400
39	电气机械及器材制造业	9640	6243	43651	116971	300
40	通信设备、计算机及其他电子设备制造业	5371	4263	103528	307490	736
41	仪器仪表及文化、办公用机械制造业	2169	1735	34426	91886	305
42	工艺品及其他制造业	3113	1505	17901	41465	276
43	废弃资源和废旧材料回收加工业	175	112	27174	58564	141

资料来源：根据《中国工业企业数据库》相关统计数据测算。

我们使用方程（6-13）分别估计 30 个行业的固定效应方程，提取行业 i 中厂商 j 的 u_{ji}，通过核密度估计（Kernel density estimates）的回归线初步比较大小两组城市的厂商效率分布。考虑到我们需要估算每一座城市厂商效率分布，大量县级单位中厂商样本数量过少，分位点效率值缺乏代表性，因此本章着重分析地级及以上城市中厂商的效率分布。这些厂商的数量占厂商总数一半以上，其工业增加值约占制造业全部增加值的 2/3。图 6-3（A）分别绘制了 2007 年制造业全部企业在高于中位数规模和低于中位数规模（86.24 万人）城市的效率分布曲线。大城市厂商效率的概率密度分布曲线，相对于小城市曲线向右偏移。考虑到不同行业对区位市场规模可能有不同的要求和偏好，合并所有行业的厂商可能会掩盖集聚效应或筛选效应，因此，我们选择了竞争激烈、分布广泛且厂商数最多的纺织业绘制了厂商效率在大城市、小城市的概率密度曲

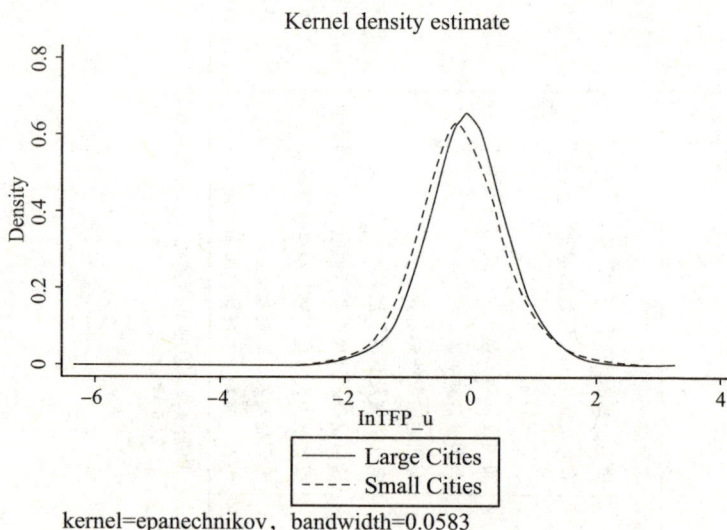

Kernel density estimate

kernel=epanechnikov, bandwidth=0.0583

（A）全部制造业厂商

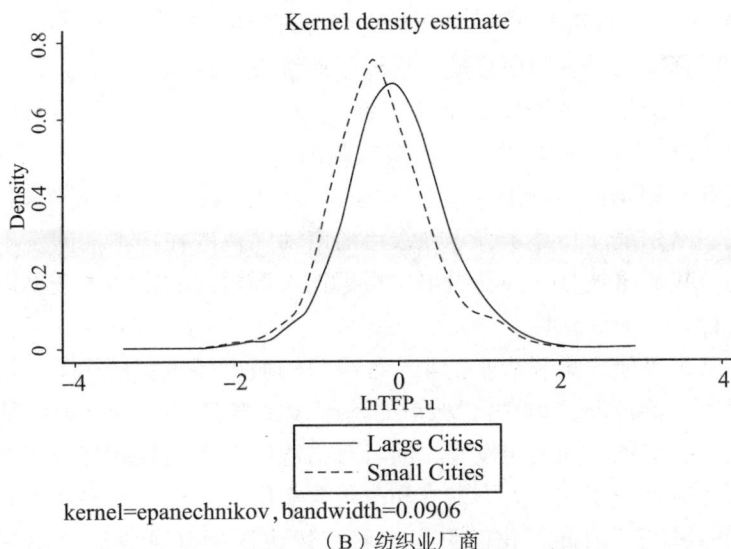

Kernel density estimate

kernel=epanechnikov, bandwidth=0.0906

（B）纺织业厂商

图 6 – 3　2007 年地级城市厂商生产率核密度曲线

线，见图 6 – 3（B）。与小城市曲线相比，大城市曲线高度下降、宽度向右扩展，与图 6 – 1（C）右侧相似但没有明显的左侧截尾，部分地验证了理论预期。简单地比较显然还不能产生可靠的结论，本章的理论预期以及行业个体与整体相异的分布特征都有待于更严谨的计量检验。

6.5　筛选效应与工业企业效率分布的计量分析

6.5.1　数据说明

我们使用 286 个地级及以上城市厂商 lnTFP_u 在 0. 05、0. 10、

0.25、0.50、0.75、0.90 和 0.95 分位点的值，作为方程（6－14）的被解释变量。解释变量城市规模是地级市市辖区年末总人口，数据来源于历年《中国城市统计年鉴》。此外，由于城市年鉴采用的是户籍统计口径，暂住人口比重较高的部分城市（如广州、深圳、东莞等）根据城市建设年鉴公布的市区暂住人口指标进行了调整；重庆、哈尔滨、乌鲁木齐等地级市的市辖区范围在样本期间发生了变动，我们将被合并的县级单位指标加入调整前的市辖区数据以保持统计口径的一致性。

其余可能影响制造业企业选址决策的城市环境变量如下。根据卡佩罗（Capello，2007），城市的基础设施禀赋可以划分为经济类基础设施与社会和民用设施，前者对当地经济活动效率有直接作用而后者通过积累城市人力资本和改善要素供给对经济效率产生间接长期的影响。因此，我们引入各城市建成区的基础设施资本密度（infra，基础设施资本用于道路、路灯、排水管道等设施的建设）、公共汽车密度（bus）和出租车密度（taxi）作为经济类基础设施的测度，将医疗机构病床床位数（bed）作为社会和民用设施测度，同时引入每万人高校教师数（teac）和每万人在校大学生数（cst）作为城市人力资本积累潜力的代理指标。控制变量数据来源于历年《中国城市统计年鉴》和《中国城市建设统计年鉴》。表6－2报告了城市变量的描述统计。

6.5.2 制造业企业总样本回归估计结果

利用地级及以上城市制造业企业的内在效率（lnTFP_u）的7个代表性分位点值和其他城市变量数据，可以对方程（6－14）分别作4年7个分位点的截面回归分析。为了体现各年的平均趋势，表6－3集中报告了28组方程的城市规模参数估计，表6－4报告完整的方程估计结果。

表 6-2　2004~2007 年历年地级及以上城市变量的描述统计

变量	2004 年		2005 年		2006 年		2007 年	
	均值	标准差	均值	标准差	均值	标准差	均值	标准差
pop（万人）	134.50	194.00	137.33	198.01	140.14	202.16	142.50	206.78
infra（万元/km²）	7110.97	5373.08	7247.24	5380.62	7621.44	5446.65	7990.98	5698.12
bus（台/km²）	8.47	5.41	8.45	5.36	8.46	4.78	8.69	4.70
taxi（台/km²）	32.99	22.37	31.43	22.08	30.26	21.19	29.26	20.62
bed（张）	5769.16	8448.10	6035.00	8802.79	6252.79	8872.29	6509.66	9392.78
teac（人/万人）	17.48	16.63	19.11	18.34	20.51	19.45	21.92	20.38
cst（人/万人）	280.18	276.85	324.52	320.99	349.67	340.46	379.69	355.88

资料来源：根据相关年份城市统计数据测算。

表6-3 2004～2007年地级及以上城市制造业厂商效率代表性分位点的城市规模回归系数

分位点 年份	0.05 参数（标准误）	0.10 参数（标准误）	0.25 参数（标准误）	0.50 参数（标准误）	0.75 参数（标准误）	0.90 参数（标准误）	0.95 参数（标准误）
2004	0.2128*** (0.0657)	0.1993*** (0.0578)	0.1576*** (0.0516)	0.1435*** (0.0501)	0.1165** (0.0555)	0.1402** (0.0623)	0.1513** (0.0696)
2005	0.2281*** (0.0664)	0.2232*** (0.0597)	0.1857*** (0.0533)	0.1764*** (0.0520)	0.1475** (0.0578)	0.1872*** (0.0647)	0.2119*** (0.0725)
2006	0.2029*** (0.0660)	0.1825*** (0.0588)	0.1744*** (0.0525)	0.1668*** (0.0507)	0.1428** (0.0566)	0.1809*** (0.0632)	0.2111*** (0.0709)
2007	0.1950*** (0.0696)	0.1777*** (0.0621)	0.1899*** (0.0551)	0.1999*** (0.0535)	0.1817*** (0.0593)	0.2344*** (0.0663)	0.2617*** (0.0745)
平均	0.2097	0.1957	0.1769	0.1717	0.1471	0.1857	0.2090

注：*、**和***分别表示在10%、5%和1%的显著水平下通过统计显著性检验。表6-3至表6-5下同。

在所选取的 7 个分位点上，城市规模都对企业效率有显著影响。首先，相对于中部几个分位点方程的参数估计来说，低分位点方程的城市规模参数估计值更大，且各年参数估计具有同样的规律。在 0.05 分位点和 0.10 分位点，回归系数显示城市规模增加 10%，厂商效率平均增加 1.8% ~ 2.3%。低分位点较大的参数估计表明，大城市不仅因集聚经济提高了低效厂商的效率，而且，因筛选效应提高了城市门槛效率水平，参见图 6 - 2。由于集聚效应对内在效率越高的厂商影响越大，故因筛选机制而提高的城市门槛效率水平至少是低分位点城市规模参数与中等分位点参数之差。0.05 分位点的城市规模参数均值 0.2097 比 3 个居中分位点（0.25、0.5、0.75）参数均值分别高 0.0328、0.0380、0.0626。由此可以估计，城市规模增长 10%，厂商门槛效率至少提高 0.3% ~ 0.6%。如果居中分位点参数估计（0.1471 ~ 0.1769）主要代表了集聚经济的作用（事实上可能仍然含有筛选效应），则筛选效应至少相当于集聚经济的 1/5。注意到城市规模参数估计的平均极小值（0.1471）出现在 0.75 分位点，表明该分位点的厂商受到的筛选效应影响相对最小，假设该分位点的筛选效应为零，那么，即便 0.05 分位点和 0.75 分位点获得的集聚经济相同，城市规模在 0.05 分位点的筛选效应也至少相当于集聚经济的 2/5。

其次，高分位点参数也比中部分位点的参数高。在 0.90 分位点和 0.95 分位点，回归系数表明城市规模增加 10%，厂商效率增加 1.5% ~ 2.6%。结果同样符合理论预期：大城市吸引更多高效厂商进入，小城市的厂商做大做强后也会迁至大城市，导致大、小城市的企业效率在高端出现更大差距。估计显示，0.95 分位点的回归系数均值比 3 个居中分位点的系数分别大 0.0321、0.0373、0.0619，即比平均规模小 10% 的城市中，其高效厂商的效率比平均规模城市中高效厂商的效率低 0.3% ~ 0.6%。上述这组参数估计与图 6 - 1（C）描述的规律相吻合。但是，与低分位点参数估计有所不同，城市规模在高分位点的估计值是高效厂商自身对大市场的偏好与大城市集聚经济的叠加。

综上所述，检验表明城市间劳动生产率的差异，不仅是因集聚经济的差别，而且因为效率不同的厂商选择了不同的市场。据保守估计，异质厂商筛选机制产生的门槛效应，至少相当于集聚经济的1/5～2/5；如果中等效率的厂商或多或少受到筛选机制的影响，筛选机制产生的门槛效应则更大。与库姆斯等（Combes et al.，2012）的检验结果不同，中国企业数据提供了大城市与异质厂商相互筛选的大样本统计证据。同时，本章的估计结果也与有本等（Arimoto et al.，2014）的日本制丝工业厂商效率分布不尽相同，中国厂商分布曲线在大城市效率左端截尾、右端扩张，更加符合前述理论预期和经济直感。根据理论分析，不同规模城市门槛效率差异的大小与区间运输成本 τ 负相关，中国的国土面积远大于法国和日本，因此筛选效应可能较大。本章结果一定程度上可与贝伦斯等（Behrens et al.，2014）基于美国高技能人才向大城市自发集聚的分析相印证，贝伦斯等发现在控制高技能劳动力的选择效应之后，美国城市效益—规模弹性（规模对效率的影响）从 8.2% 降至5.1%。此外，中国市场一体化程度低于发达国家，区间交易成本较高，各城市厂商与本地厂商竞争比较激烈，因此，城市和厂商的相互筛选作用可能也会比较显著。本章将进一步分析这一可能。

以下对控制变量进行扼要分析，见表6-4。在测度经济类基础设施的一组指标中，基础设施资本密度对所有分位点的厂商区位选择都有正向影响，但只对低分位数厂商显著，这说明经济类基础设施通过吸引厂商进入，增加了市场的竞争程度，因而抬高了城市的门槛效率，但是，对高效厂商的区位再选择影响不大；公共汽车密度的回归结果不稳定，但在多数分位点方程中的符号为正，并且在2006年和2007年的部分方程中显著；出租车密度对低分位点效率值的影响显著为负，这可能是因为在控制了公共汽车密度之后，出

表6-4 2004~2007年地级及以上城市制造业厂商效率代表性分位点的回归结果

年份	变量 \ 效率分位点	0.05 参数 (标准误)	0.10 参数 (标准误)	0.25 参数 (标准误)	0.50 参数 (标准误)	0.75 参数 (标准误)	0.90 参数 (标准误)	0.95 参数 (标准误)
2004	lnpop	0.2128*** (0.0657)	0.1993*** (0.0578)	0.1576*** (0.0516)	0.1435*** (0.0501)	0.1165** (0.0555)	0.1402** (0.0623)	0.1513** (0.0696)
	lninfra	0.1181*** (0.0448)	0.1241*** (0.0394)	0.0647* (0.0352)	0.0432 (0.0342)	0.0424 (0.0379)	0.0441 (0.0426)	0.0599 (0.0475)
	lnbus	0.0222 (0.0498)	0.041 (0.0439)	0.0383 (0.0392)	0.0335 (0.038)	0.0415 (0.0421)	0.0139 (0.0473)	0.0033 (0.0528)
	lntaxi	-0.1026** (0.0401)	-0.108*** (0.0353)	-0.1033*** (0.0315)	-0.0479 (0.0306)	-0.0449 (0.0339)	-0.0229 (0.038)	-0.0234 (0.0424)
	lnbed	-0.2417*** (0.0658)	-0.2044*** (0.0579)	-0.1374*** (0.0517)	-0.1139** (0.0502)	-0.0682 (0.0556)	-0.0318 (0.0624)	-0.0268 (0.0697)
	lnteac	0.0512 (0.0398)	0.0344 (0.035)	0.0345 (0.0312)	0.0447 (0.0303)	0.015 (0.0336)	0.0368 (0.0377)	0.0446 (0.0421)
	lncst	-0.0268 (0.0195)	-0.019 (0.0172)	-0.0119 (0.0153)	-0.0169 (0.0149)	-0.0072 (0.0165)	-0.0171 (0.0185)	-0.0159 (0.0207)

效率分位点		0.05	0.10	0.25	0.50	0.75	0.90	0.95
年份	变量	参数（标准误）	参数（标准误）	参数（标准误）	参数（标准误）	参数（标准误）	参数（标准误）	参数（标准误）
2005	lnpop	0.2281*** (0.0664)	0.2232*** (0.0597)	0.1857*** (0.0533)	0.1764*** (0.052)	0.1475** (0.0578)	0.1872*** (0.0647)	0.2119*** (0.0725)
	lninfra	0.1401*** (0.0452)	0.1347*** (0.0406)	0.0658* (0.0362)	0.038 (0.0354)	0.034 (0.0393)	0.0362 (0.044)	0.0545 (0.0494)
	lnbus	-0.0022 (0.0497)	0.0171 (0.0447)	0.0396 (0.0399)	0.0378 (0.039)	0.0447 (0.0433)	0.0199 (0.0485)	0.0077 (0.0543)
	lntaxi	-0.1096*** (0.039)	-0.0928*** (0.0351)	-0.09*** (0.0313)	-0.0318 (0.0306)	-0.0336 (0.034)	-0.0061 (0.038)	-0.0117 (0.0427)
	lnbed	-0.2431*** (0.0676)	-0.2217*** (0.0608)	-0.1646*** (0.0542)	-0.1445*** (0.0529)	-0.0924 (0.0588)	-0.077 (0.0658)	-0.089 (0.0738)
	lnteac	0.0375 (0.0387)	0.0249 (0.0348)	0.0276 (0.031)	0.0394 (0.0303)	0.0097 (0.0337)	0.0367 (0.0377)	0.0543 (0.0423)
	lncst	-0.0274 (0.0191)	-0.016 (0.0172)	-0.0109 (0.0154)	-0.0152 (0.015)	-0.0056 (0.0167)	-0.0167 (0.0186)	-0.0166 (0.0209)

续表

年份	变量	0.05 参数（标准误）	0.10 参数（标准误）	0.25 参数（标准误）	0.50 参数（标准误）	0.75 参数（标准误）	0.90 参数（标准误）	0.95 参数（标准误）
2006	lnpop	0.2029*** (0.066)	0.1825*** (0.0588)	0.1744*** (0.0525)	0.1668*** (0.0507)	0.1428** (0.0566)	0.1809*** (0.0632)	0.2111*** (0.0709)
	lninfra	0.1514*** (0.0467)	0.1411*** (0.0416)	0.0719* (0.0371)	0.0344 (0.0359)	0.0336 (0.0401)	0.0359 (0.0447)	0.0551 (0.0502)
	lnbus	-0.0024 (0.0548)	0.0288 (0.0488)	0.0526 (0.0436)	0.0643 (0.0421)	0.0821* (0.047)	0.0645 (0.0525)	0.0597 (0.0589)
	lntaxi	-0.1366*** (0.0407)	-0.1169*** (0.0363)	-0.1033*** (0.0324)	-0.0416 (0.0313)	-0.0476 (0.0349)	-0.0227 (0.039)	-0.0314 (0.0438)
	lnbed	-0.2247*** (0.0679)	-0.1869*** (0.0604)	-0.158*** (0.0539)	-0.1419*** (0.0521)	-0.098* (0.0582)	-0.084 (0.065)	-0.1028 (0.0729)
	lnteac	0.0312 (0.0378)	0.0111 (0.0337)	0.0198 (0.0301)	0.0266 (0.0291)	0.0019 (0.0324)	0.0317 (0.0362)	0.0474 (0.0407)
	lncst	-0.0251 (0.0192)	-0.0114 (0.0171)	-0.0081 (0.0153)	-0.0096 (0.0148)	-0.0025 (0.0165)	-0.0151 (0.0184)	-0.0143 (0.0207)

续表

效率分位点		0.05	0.10	0.25	0.50	0.75	0.90	0.95
年份	变量	参数（标准误）	参数（标准误）	参数（标准误）	参数（标准误）	参数（标准误）	参数（标准误）	参数（标准误）
2007	lnpop	0.195*** (0.0696)	0.1777*** (0.0621)	0.1899*** (0.0551)	0.1999*** (0.0535)	0.1817*** (0.0593)	0.2344*** (0.0663)	0.2617*** (0.0745)
	lninfra	0.1527*** (0.0483)	0.1449*** (0.043)	0.0783** (0.0382)	0.037 (0.0371)	0.0284 (0.0411)	0.0249 (0.046)	0.0399 (0.0516)
	lnbus	-0.0169 (0.0561)	0.0229 (0.05)	0.056 (0.0444)	0.0732* (0.0431)	0.103** (0.0478)	0.0955* (0.0534)	0.103* (0.06)
	lntaxi	-0.1412*** (0.0414)	-0.1221*** (0.0369)	-0.1017*** (0.0328)	-0.0505 (0.0318)	-0.0562 (0.0353)	-0.0441 (0.0395)	-0.0584 (0.0443)
	lnbed	-0.2137*** (0.0719)	-0.1816*** (0.064)	-0.1782*** (0.0568)	-0.1796*** (0.0552)	-0.1445** (0.0611)	-0.1501** (0.0684)	-0.1632** (0.0769)
	lnteac	0.0195 (0.0439)	0.0013 (0.0391)	0.0317 (0.0347)	0.056* (0.0337)	0.0348 (0.0373)	0.0864** (0.0418)	0.0968** (0.0469)
	lncst	-0.019 (0.0232)	-0.0053 (0.0207)	-0.0151 (0.0183)	-0.0254 (0.0178)	-0.0194 (0.0197)	-0.0436* (0.0221)	-0.0414* (0.0248)

租车密度反映了城市道路拥堵程度，而通勤成本高的城市对厂商的吸引力下降，于是潜在进入者减少，门槛效率降低。测度社会类基础设施的变量（bed）符号为负，由于社会类设施主要在长期中通过改善劳动要素供给产生作用，并且其效果并不局限在设施所在地区，因此，这一结果不太令人意外。最后，每万人在校大学生数的影响在所有年份和所有分位点都为负，并且在大多数方程中不显著，这可能是因为大学生常常异地择业且发达城市的企业往往在全国招聘大学毕业生，这些企业不大可能单纯因为在校大学生这一指标而改变区位决策；相反，每万人大学教师数的作用都为正，与学生不同，教师的流动性较低，并且他们参与当地科研，有助于创造良好的技术环境、增加城市的吸引力。

6.5.3　代表性行业样本回归估计

为了进一步检验城市的选择效应对不同行业的影响，我们使用各行业厂商在各城市的效率分位点数值估计方程（6-14）。许多行业的厂商在地级市的样本数量有限，若某一城市的厂商数较少，则分位点的效率水平缺乏代表性。本章选择了地级城市中样本数量最多的4个行业（见表6-1第4列），估计每个行业4年7个分位点的回归方程，共计112个方程，城市规模的参数估计列于表6-5。为简明起见，控制变量的参数估计结果略去。

表6-5结果显示，4个行业的参数估计具有不同的分布特征。纺织业和电气机械及器材制造业的参数估计显示，随着厂商效率分位点升高，城市规模的影响越来越大也越来越显著。通用设备制造业与之相反，城市规模的影响在低效率分位点相当显著，随着分位点升高，城市规模的影响逐渐减弱并趋于不显著。化学原料及化学制品制造业2004~2006年三年的估计结果与通用设备制造业相似，但是2007年的结果不太稳定。城市规模对纺织业和电气机械制造

表6-5 2004~2007年四个代表性行业厂商效率分布回归结果

行业	年份	0.05 参数（标准误）	0.10 参数（标准误）	0.25 参数（标准误）	0.50 参数（标准误）	0.75 参数（标准误）	0.90 参数（标准误）	0.95 参数（标准误）
纺织业	2004	0.086 (0.1077)	0.2191** (0.1057)	0.2706*** (0.0967)	0.3068*** (0.0851)	0.3581*** (0.0949)	0.3974*** (0.1164)	0.4984*** (0.123)
	2005	0.1083 (0.1083)	0.2199** (0.106)	0.251** (0.0976)	0.2679*** (0.086)	0.3011*** (0.0962)	0.3531*** (0.1174)	0.4399*** (0.1246)
	2006	0.047 (0.1074)	0.1608 (0.1052)	0.1951** (0.0965)	0.2232*** (0.0848)	0.252*** (0.0944)	0.3041*** (0.1149)	0.3868*** (0.1219)
	2007	0.1381 (0.1106)	0.2296** (0.109)	0.223** (0.1006)	0.2574*** (0.0886)	0.2991*** (0.0984)	0.3256*** (0.1205)	0.3776*** (0.1275)
电气机械及器材制造业	2004	0.0609 (0.1208)	0.0886 (0.1183)	0.1806* (0.1093)	0.2757*** (0.0958)	0.2835** (0.1111)	0.3795*** (0.1246)	0.3982*** (0.13)
	2005	0.0432 (0.1249)	0.0559 (0.1224)	0.1938* (0.1129)	0.2817*** (0.099)	0.2924** (0.1146)	0.4135*** (0.1285)	0.4356*** (0.1342)
	2006	0.0525 (0.1232)	0.0573 (0.1205)	0.181 (0.1115)	0.2675*** (0.0978)	0.2947*** (0.1134)	0.3939*** (0.1269)	0.4146*** (0.1326)
	2007	0.0846 (0.1356)	0.088 (0.1323)	0.1978 (0.1229)	0.3055*** (0.1076)	0.3303*** (0.1263)	0.3824*** (0.1398)	0.3986*** (0.1457)

续表

行业	年份	0.05 参数（标准误）	0.10 参数（标准误）	0.25 参数（标准误）	0.50 参数（标准误）	0.75 参数（标准误）	0.90 参数（标准误）	0.95 参数（标准误）
通用设备制造业	2004	0.3825*** (0.1137)	0.4257*** (0.1069)	0.2719*** (0.0939)	0.1782** (0.0873)	0.0937 (0.1002)	0.0346 (0.1213)	0.0789 (0.1284)
	2005	0.3484*** (0.1198)	0.3962*** (0.1126)	0.2745*** (0.0972)	0.1982** (0.0916)	0.0903 (0.1046)	0.0224 (0.1264)	0.0679 (0.1336)
	2006	0.3468*** (0.1201)	0.3899*** (0.1127)	0.2358** (0.0979)	0.1307 (0.0913)	0.0349 (0.104)	−0.0102 (0.126)	0.0308 (0.1328)
	2007	0.3737*** (0.1302)	0.4121*** (0.1221)	0.2601** (0.1075)	0.1768* (0.0988)	0.0651 (0.1131)	0.0077 (0.1374)	0.0439 (0.1452)
化学原料及化学制品制造业	2004	0.2164** (0.0988)	0.2194** (0.0901)	0.1988** (0.081)	0.1423* (0.081)	0.1702* (0.0911)	0.1896* (0.1084)	0.1807 (0.1142)
	2005	0.2411** (0.1032)	0.2623*** (0.0941)	0.2448*** (0.0851)	0.1874** (0.0861)	0.1936** (0.0965)	0.2205* (0.1137)	0.2009* (0.1197)
	2006	0.1822* (0.1045)	0.1813* (0.0954)	0.1532* (0.0862)	0.1619 (0.0858)	0.1509 (0.0956)	0.1808 (0.1126)	0.1524 (0.1182)
	2007	0.1548 (0.1126)	0.1754* (0.1026)	0.1913** (0.0919)	0.1752* (0.0911)	0.2039** (0.1017)	0.2151* (0.1196)	0.1931 (0.1257)

业效率的影响，意味着集聚效应的差异（而非筛选效应）是城市企业效率差异的主要来源。城市规模对通用设备制造业和 2004~2006 年化学原料及化学制品制造业厂商效率分布的作用主要表现为对低效厂商的筛选作用，城市中累积的集聚经济和高效厂商对大市场的自发选择机制都不明显。综上所述，我们用图 6-4 直观地表示制造业总体和 4 个行业厂商在不同规模城市的效率分布。

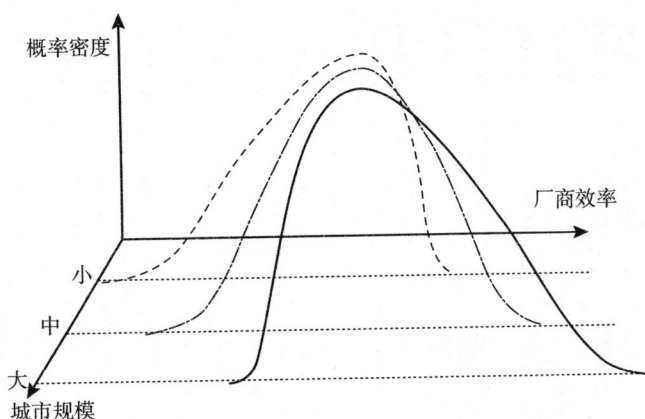

（A）全部制造业厂商

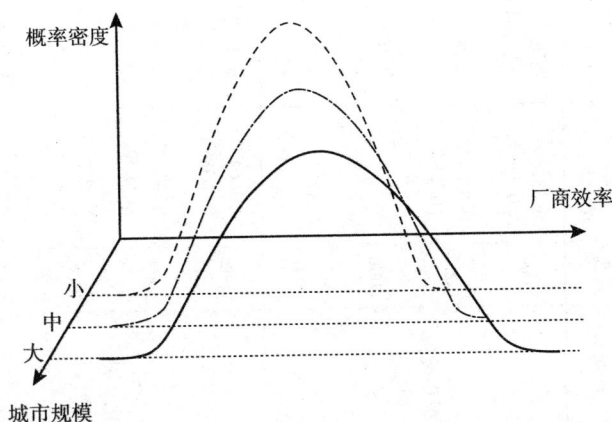

（B）纺织业和电气制造业厂商

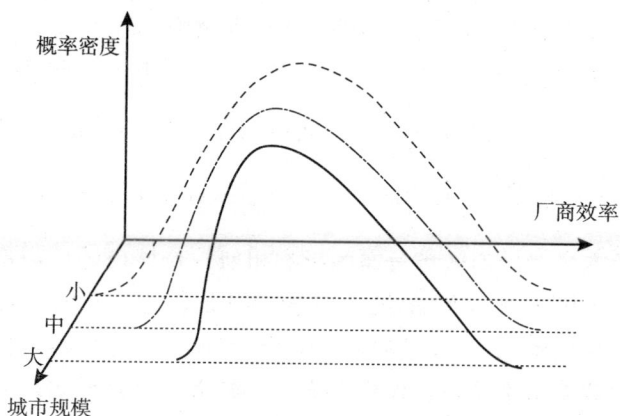

（C）通用设备和化学制造业厂商

图 6 - 4　不同规模城市的厂商效率分布

　　图 6 - 4（A）表示，城市制造业厂商总体效率分布概率密度曲线变化，图 6 - 4 意味着随着城市规模增长，左侧低效率厂商分布向中值收缩（门槛效率提高），中等效率厂商受城市规模变化较小，右侧高效率厂商分布向右延伸（高效厂商自发集聚，与集聚经济效应叠加）。图 6 - 4（B）表示，当城市规模增长时，纺织业和电气机械及器材制造业厂商效率曲线左端无显著变化，而右侧向右延伸，主体变矮变宽，显示了集聚经济的主导作用。图 6 - 4（C）表示，随着城市规模增长，通用设备和化学制造业厂商效率分布曲线左侧向内收缩，而右侧几乎保持同一形状，意味着筛选机制使得大城市门槛越来越高，但集聚经济效应并不显著。

6.5.4　城市规模、筛选效应与市场一体化

　　根据理论，城市规模对异质厂商效率的筛选机制应是普遍存在的。但是，在纺织业与电气机械及器材制造业厂商的低分位效率值上，城市规模与厂商效率无明显相关性。这是否意味着，大市场不

会淘汰低效厂商呢？我们试图进一步回答这个问题。

根据方程（6-8），某一厂商在本城市 i 的预期利润为 $(N_i/4\beta)\int_0^{\bar{c}_i}(\bar{c}_i-c)^2 g(c)dc$，向城市 j 销售产品的预期利润为 $(N_j/4\beta)\int_0^{\bar{c}_j/\tau}(\bar{c}_j-\tau c)^2 g(c)dc$。当区间交易成本 τ 较小时，外部市场与本地市场对厂商效率分布的影响相似，各城市的厂商都相当于面对一个规模为 N_i+N_j 的统一市场，因而各地厂商的门槛效率趋于一致。这导致两方面的影响：其一，市场一体化使得本城市规模对低分位效率水平的筛选作用下降，小城市不再是低效厂商的避风港；其二，市场一体化使中小城市的高效厂商也易于进入外部市场，于是高效厂商愿意在中小城市集聚，有助于形成一批专业化的中小城市。计量结果似乎意味着，相对于通用设备制造业和化学制品制造业，纺织业和电气机械及器材制造业的市场一体化程度更高。

但是，中国是一个外贸依存度很高的国家，出口厂商一旦进入国际市场，其竞争对手可能就是全世界和全中国同行业出口厂商，因此，本地市场规模对门槛效率的影响也会随之减弱。为了考察这种可能性，我们利用工业企业数据计算了 2007 年地级及以上城市中 4 个行业厂商出口值占工业销售值的比重，见表6-6。其中，纺织业和电气机械制造业厂商的平均出口比重明显高于通用设备制造业和化学原料及化学制品制造业，因此，不同城市的纺织业或电气业厂商更可能面对共同的国际市场，这无疑减弱了本城市规模差异对厂商门槛效率的影响。

总之，无论是国内市场一体化还是国际市场一体化，都会削弱城市规模对厂商的筛选效应，国际市场一体化与国内市场一体化两者之间有替代作用。城市规模对厂商筛选效应的实证检验结果，反映了中国不同行业受到的国内市场一体化和国际市场一体化的影响不同。

表 6 - 6   **2007 年代表性行业厂商出口比重**

行业	样本数	均值	标准差	极小值	极大值
纺织业	6434	0.2728	0.3930	0	1.000
电气机械及器材制造业	6240	0.2300	0.3754	0	1.000
通用设备制造业	6945	0.1205	0.2734	0	1.000
化学原料及化学制品制造业	5740	0.0799	0.2097	0	1.000

资料来源：根据《中国工业企业数据库》相关统计数据测算。

6.6　本 章 小 结

　　本章构建了一个改良的异质性厂商模型，考察城市和厂商的相互筛选对不同效率的厂商在不同规模城市分布的影响。理论分析表明，大城市能够吸引更多厂商，但是市场竞争更为激烈；高效厂商能够通过减少价格加成扩大市场份额，但是低效厂商降低价格的能力有限；因此，更多的高效厂商进入大城市，而更多的低效厂商会被大城市所淘汰或选择小城市；除集聚经济差别引起的厂商效率差异以外，不同规模城市和异质厂商的双向选择机制不仅使大城市厂商效率分布相对于小城市表现出更高的左侧截尾，而且使小城市厂商效率分布相对于大城市出现右侧截尾；对于不同规模的一系列城市而言，城市规模越大，城市中厂商的效率分布曲线的左右两侧尾部越向右偏。因此，城市生产率是集聚经济和筛选效应的综合反映。本章设计了一个两阶段计量分析策略，使用 2004 ~ 2007 年位于中国 286 个地级及以上城市的国有和规模以上非国有制造业企业数据检验了该理论预期。计量估计结果显示，各个分位点厂商内在效率随城市规模增大而增大，定量比较分析表明城市规模从均值增长 10%，筛选效应可使 0.05 分位点的厂商门槛效率至少提高 0.3% ~ 0.6%，筛选效应至少相当于集聚经济的 1/5 ~ 2/5。高效厂商对大城市的偏好和内生选择，导致了高分位点效率的类似变化，城市规模增加 10% , 0.90 分位点和 0.95 分位点的厂商效率增加 1.5% ~2.6% , 所估计的效率增长是筛选效应与集聚经济的叠加。本章进而估计了城市规模对 4 个代表性行业各分位点效率值的作用, 发现纺织业和电气机械制造业厂商的效率分布主要受集聚经济主导, 而通用设备和化学制造业厂商的效率分布只受筛选机制的影响。

上述研究结果表明, 集聚经济外部性与异质性厂商内生选择两种效应的叠加导致了大城市工业企业较高的生产率。以往关于集聚经济的研究在控制了要素投入后, 普遍将大城市的高生产率单纯归因于集聚外部性, 实则高估了集聚经济。与集聚经济不同, 厂商内在效率并非外部经济, 高效厂商和低效厂商分别在大城市和小城市的集中未必提高总体经济效益, 却必然加剧城市间和地区间经济发展的差距。本章的分析结果还表明, 降低交易成本有助于缩小大小城市间门槛效率的差异。降低交易成本的一个现实途径是推进市场一体化, 市场一体化使得不同规模的城市有可能吸引效率相似的厂商。国际市场一体化与国内市场一体化有替代作用, 当国际市场的需求停止增长甚至出现萎缩时, 国内市场一体化将对提升中小城市经济效率、缩小城市间经济发展差距产生更大的促进作用。

第7章

城市规模、中间产品与城市
异质厂商的生产率分布

通过第6章的讨论，我们证明异质性厂商面对城市市场时存在不同的经济行为，导致城市间宏观效率的差异。现有的新古典和新经济地理模型都将同一部门的厂商视为同质的，各产业内部由一个典型厂商和一组同质劳动力代表，这种简化处理掩盖了个体厂商和个体劳动力的内在差异。我们的理论和实证研究显示，在集聚效应以外，城市的成本和竞争环境会对厂商产生筛选效应，厂商也会根据不同市场条件下的预期收益有意识地选择区位，后两种效应导致的不同规模城市间效率的差异具有与集聚外部经济不同的来源和政策影响。同时，内在效率不同的厂商，从经典集聚机制中获得的收益大小也存在差异。

在第6章中，城市规模对异质厂商效率的筛选效应主要源于市场需求方面的作用。现实中，城市的垄断竞争厂商之间能够形成前向关联和后向关联，在规模经济和运输成本的共同作用下导致集聚均衡和分散均衡。城市中可获得的上游中间产品数量和价格必然对厂商的预期收益产生影响。大城市能够容纳多样化并且具有一定规模效应的各行各业，因此工业企业在大城市能够以相对较低的成本获得多样化的中间产品（尤其是服务业产品）。已有的异质厂商集聚模型普遍强调下游市场规模对制造业厂商效率的选择机制，但并未考虑城市中可获得的上游中间产品对个体厂商预期收益的影响，导致异质厂商模型在考察厂商区位选择时存在片面性。根据第3章的讨论，城市的产业关联机制与城市规模之间存在供给方面的协同影响：城市所能容纳的中间厂商数目越多，下游厂商从中间部门的规模经济中获得的效益越大、成本越低，因此，共享中间投入的制造业厂商会向同一城市集中；随着下游厂商需求的增加，上游厂商也为实现更大的规模经济向下游厂商所在地集聚，导致下游厂商的成本进一步降低，这一机制可以称为中间产品的本地市场效应。然而，基于新经济地理的中间产品模型设定所有厂商具有完全相同的生产函数，仅提供了城市和产业层面的证明。因此，本章试图将第3章论述的中间产品本地市场效应引入第6章的企业异质性理论，考察城市规模和中间产品对异质厂商内生集聚模式的作用机制，并利用中国工业企业微观数据库和中国653个县级及以上城市数据进行实证检验。本章的研究将最终揭示城市规模增长导致的需求和供给变化，对城市宏观生产效率和厂商微观效率分布的综合影响。

本章内容安排如下：第7.1节构建一个包含中间产品的异质厂商集聚模型，第7.2节基于理论模型构建一个可行的实证方法，第7.3节简要讨论本章使用的城市和厂商数据，第7.4节报告并分析分位数回归结果，并进行稳健性检验，第7.5节是小结。

7.1 中间产品、城市规模与异质厂商内生集聚模型

本章沿用第3章生产性服务业—制造业关联集聚模型的处理方

法，假设制造业厂商（制造业产品设为 y）的边际成本由中间产品（设为 x）和劳动力报酬构成（资本等其他要素作为控制变量，不影响理论模型的结构，为简化起见略去），中间产品的比重为 μ。与第 3 章不同的是，异质性厂商对中间品和劳动力的使用效率具有差异，对制造业厂商 i 而言，生产一单位产品的边际成本为：

$$C_y(i) = w^{1-\mu_i} G_x^{\mu_i} / \rho_i \qquad (7-1)$$

其中，G_x 是地方化中间产品的价格指数，w 为城市均衡工资率。测度个体厂商内在效率的参数 ρ_i 的概率分布密度是 $\varphi(\rho)$，累积分布函数为 $\Phi(\rho)$，ρ_i 越大意味着厂商的边际成本越低。由于厂商的生产成本是差异化的，因此，市场上异质商品的价格不再是 NEG 框架下的常数，我们使用新新经济地理理论常用的准线性效用函数（quasi-linear utility）来导出这一差异化价格下的需求函数。代表性消费者的效用函数为：

$$U = q_0 + \alpha \int_{i \in \Omega} q_i di - \frac{1}{2}\beta \int_{i \in \Omega} (q_i)^2 di - \frac{1}{2}\gamma \left(\int_{i \in \Omega} q_i di\right)^2$$

$$(7-2)$$

式（7-2）中的 q_0 和 q_i，分别代表同质商品（作为计价品）和异质的制造业商品。参数 α 和 $\gamma(\alpha > 0，\gamma > 0)$ 测度制造业产品与计价品之间的替代程度，而 $\beta(\beta > 0)$ 测度消费者对制造业产品差异化的偏好程度。消费者拥有的计价品初始禀赋足够大，使得均衡时每一消费者对其需求为正。由效用最大化的一阶条件得到个体消费者对每一制造业商品的反需求函数：

$$p_{y,i} = \alpha - \beta q_i - \gamma Q \qquad (7-3)$$

其中，$Q = \int_{i \in \Omega} q_i di$ 为个体消费者对制造业商品的总需求。定义需求量为正的商品种类数为 ω，制造业产品平均价格 $P_y = \frac{1}{\omega} \int_{i \in \Omega} p_{y,i} di$。因此，代表性个体消费者对制造业产品 i 的需求为：

$$q_i = \frac{1}{\beta}\left(\frac{\alpha\beta + \omega\gamma P_y}{\beta + \omega\gamma} - p_i\right), \quad i \in \Omega \qquad (7-4)$$

在该市场模式下，需求 $q_i \geq 0$ 的厂商能够售出产品，意味着 $p_{y,i} \leq p_{max} = (\alpha\beta + \omega\gamma P_y)/(\beta + \omega\gamma)$。由于厂商的效率水平是差异化的，因此，只有边际成本所允许的定价不超过最高限价 p_{max} 的厂商才能在市场中经营。厂商根据需求函数决定价格和产量以最大化其利润水平。设城市总人口为 N，则边际成本为 C（由式（7-1）所定义）的制造业厂商利润最大化产量 $y(C)$ 与价格 $p_y(C)$ 满足：

$$y(C) = \begin{cases} \dfrac{N}{\beta}\big[p_y(C) - C\big], & \text{if } p_y(C) \leq p_{max} \\ 0, & \text{if } p_y(C) > p_{max} \end{cases} \qquad (7-5)$$

以 C_e 表示厂商在市场中生存的临界边际成本，均衡时临界厂商的利润最大化价格恰为 p_{max}。由 $y(C_e) = 0$ 可知，$C_e = p_{max}$，即：

$$C_e = \frac{\alpha\beta + \omega\gamma P_y}{\beta + \omega\gamma} \qquad (7-6)$$

根据式（7-4）、式（7-5）和式（7-6）可以得到厂商的利润最大化价格 $p_y(C) = (C_e + C)/2$，利润最大化产量 $y(C) = N(C_e - C)/2\beta$，从而厂商的利润是：

$$\pi_y(C) = \frac{N}{4\beta}(C_e - C)^2 \qquad (7-7)$$

令临界边际成本的厂商效率参数为 ρ_e，每一异质厂商都可以由其效率参数 ρ 定义，不妨将厂商成本中中间产品的比例 μ_i 记为 $\mu(\rho)$，于是市场的临界边际成本 $C_e = w^{1-\mu(\rho e)} G_x^{\mu(\rho e)}/\rho_e$。所有制造业厂商进入市场都需要支付 F_y 个单位的计价商品作为固定成本，厂商的自由进入条件意味着预期利润等于进入成本：

$$\frac{N}{4\beta}\int_{\rho_e}^{+\infty} \big[C_e(\rho_e) - C(\rho)\big]^2 \varphi(\rho)\mathrm{d}\rho = F_y \qquad (7-8)$$

式（7-8）意味着，给定进入成本 F_y、制造业产品异质程度 β 和厂商效率参数的先验分布 $\varphi(\rho)$，以城市消费者数目 N 表示的市场规模越大，临界边际成本 C_e 就必须越低。

在我们的模型中，制造业厂商的边际成本由效率参数和要素结构两部分构成，因此，实际的均衡还需考虑中间产品部门。假设中间厂商的生产遵循标准 NEG 的垄断竞争模式，生产中间品 x 需要固定劳动投入 f_x 和可变劳动投入 c_x，其成本函数为：

$$C_x(i) = w[c_x x_i + f_x] \qquad (7-9)$$

中间产品具有不变替代弹性 $\sigma_x > 1$，中间厂商面对的制造业市场需求可被视为标准的 NEG 模式，中间产品的价格为边际成本的加成：

$$p_x = \frac{\sigma_x}{\sigma_x - 1} c_x w \qquad (7-10)$$

设中间厂商的数目为 n，则均衡时中间产品的价格指数为：

$$G_x = \left\{ \int_0^n [p_x(i)]^{1-\sigma_x} di \right\}^{1/(1-\sigma_x)} = \frac{\sigma_x c_x w}{\sigma_x - 1} n^{1/(1-\sigma_x)} \qquad (7-11)$$

因为 $1 - \sigma_x < 0$，所以以厂商数量 n 表示的中间产品部门规模越大，价格指数 G_x 越低。零利润条件决定了单个中间厂商的产出 x = $(\sigma_x - 1)f_x/c_x$，因此，中间产品部门的总产值为 $wn\sigma_x f_x$，劳动力需求为 $n\sigma_x f_x$。均衡时制造业对中间产品的总支出等于中间品总产值，根据比例关系可得制造业的劳动力需求 $n\sigma_x f_x \int_{\rho_e}^{+\infty} \{[1 - \mu(\rho)]/\mu(\rho)\} \varphi(\rho) d\rho / [1 - \Phi(\rho_e)]$。若城市完全就业，总劳动力供给为 N，则中间部门的规模为：

$$n = \frac{N}{\sigma_x f_x \int_{\rho_e}^{+\infty} [1/\mu(\rho)] \varphi(\rho) d\rho / [1 - \Phi(\rho_e)]} \qquad (7-12)$$

式（7-12）右侧分母的定积分相当于 $1/\mu(\rho)$ 的均值，简记为 avg($1/\mu$)。方程（7-11）和方程（7-12）反映了城市制造业厂商与中间产品部门之间的反馈机制：若城市制造业厂商普遍提高其对于本地中间服务的需求比例 $\mu(\rho)$，则 avg($1/\mu$) 下降，给定城市规模，式（7-12）意味着城市中能够实现规模经济的中间厂商数量增加，中间产品部门总体规模增长导致式（7-11）决定的中间品价格指数下降，由制造业成本函数（7-1）可知，每一制造业厂商都因共享中间产品的规模经济而降低边际成本；如果城市临界边际成本 C_e 不变，则式（7-7）表示的每一制造业厂商的利润都会增加，但会导致更多潜在厂商进入市场，厂商将根据方程（7-8）调整其期望收益，临界效率的均衡水平有待进一步讨论。我们选择合适的测度将城市均衡工资 w 标准化为计价单位。则将式（7-12）代入式（7-11），再代入式（7-8）整理得到：

$$\frac{N}{4\beta}\int_{\rho_e}^{+\infty}\left\{\theta^{\mu(\rho_e)}\left[\frac{N}{avg(1/\mu)}\right]^{\mu(\rho_e)/(1-\sigma_x)}\rho_e^{-1} - \right.$$

$$\left.\theta^{\mu(\rho)}\left[\frac{N}{avg(1/\mu)}\right]^{\mu(\rho)/(1-\sigma_x)}\rho^{-1}\right\}^2 \varphi(\rho)d\rho = F_y \qquad (7-13)$$

其中，$\theta = \sigma_x c_x (\sigma_x f_x)^{1/(\sigma_x-1)}/(\sigma_x-1)$ 是一个常数。

仔细分析上式蕴含着的经济学意义。与第 6 章所述梅利兹和奥塔维亚诺（Melitz, Ottaviano, 2008）、库姆斯等（Combes et al., 2012）等理论结果不同，方程（7-13）中城市规模 N 通过两种渠道作用于城市厂商的均衡效率水平：首先，积分符号外的 N 从消费需求层面影响制造业厂商的临界效率，较大的市场能够吸引更多潜在进入者，市场竞争更加激烈，高效厂商可以通过减少价格加成来扩大销售规模，而低效厂商降低价格的能力有限被迫退出市场，竞争最终将提升在市场中生存的效率门槛，这一机制是城市规模对厂商效率的筛选效应；其次，积分符号内的 N 决定着中间部门的规模，从供给的成本层面影响城市制造业厂商的均衡效率，大城市能够同时容纳较大规模的上下游产业部门，使制造业厂商通过中间产品本地市场效应获得额外收益。由于式（7-13）比较复杂，难以识别城市规模和产业关联的最终影响，因此，我们暂时将各厂商的 $\mu(\rho)$ 都取为平均水平，式（7-13）可以化简为：

$$\int_{\rho_e}^{+\infty}(\rho_e^{-1}-\rho^{-1})^2\varphi(\rho)d\rho = 4\beta F_y\theta^{-\mu}N^{-1}(\mu N)^{\mu/(\sigma_x-1)}$$

$$(7-14)$$

当城市规模增大时，方程（7-14）右侧的 N^{-1} 减小，意味着消费需求增加导致左侧的临界效率参数 ρ_e 需要增大方能保持均衡，这种均衡过程反映了市场规模对厂商的筛选机制；而 $(\mu N)^{\mu/(\sigma x-1)}$ 增加则表明，中间部门的扩大，导致左侧厂商临界效率参数减小，因为中间产品效应降低了一些自身效率稍低的厂商的边际成本，使得它们也能够在市场中制订有竞争力的价格。产业关联 $\mu(\rho)$ 的作用机制如下：其一，给定市场中其他制造业厂商使用中间品的比例不变，某一内在效率稍低的制造业厂商提高其产业关联程度，则其实际边际成本将可能低于初始效率稍高而与中间部门关联较低的厂商，从而跨越城市的效率门槛；其二，如果各地厂商能够进入其他城市市场（此时，本地市场规模，即第一个 N 的影响减弱），那么，在大城市获得的中间产品效应，无疑将使当地更多自身效率稍低的厂商在全国市场上具备竞争力。①

上述理论模型中，城市规模并没有以传统集聚外部性的形式改变厂商自身的技术参数 ρ，但却改变了各城市的门槛效率 ρ_e，由于市场和厂商的筛选机制和关联机制，即使不存在产业集聚的外部效应，大小城市之间也会因临界边际成本不同而表现出平均生产率的差异。根据理论模型（7-13）及其简化形式（7-14），给定全部制造业厂商的潜在效率分布 $\varphi(\rho)$，厂商必须具有的临界效率 ρ_e 因所在城市规模 N 和对中间产品需求 μ 而变化，城市中厂商效率的

---

①　详尽地讨论一个多城市模型过于繁冗，也无助于核心问题的阐述，这里作一简要描述：假设另一城市（城市 B）有一效率为 ρ_2 的厂商向本市（城市 A）出口产品，冰山形式的交易成本为 τ，则该厂商参与本市市场竞争时相当于一个初始效率为 ρ_2/τ 的本地厂商，但无法从本地中间产品中获益。外地高效厂商进入会导致本地竞争加剧。若本地有一原本稍高于临界效率的厂商，初始效率为 $\rho_1 < \rho_2/\tau$，则此时该厂立刻面临被竞争淘汰的风险。但厂商 ρ_1 在城市 A 因产业关联降低了成本（折算为边际成本减少 ΔA），而厂商 ρ_2 在城市 B 因产业关联获得的收益为 ΔB，若 ΔA 高于 ΔB，则有可能 $C(\rho_1) - \Delta A < C(\rho_2/\tau) - \Delta B$，结果初始效率低的厂商反而挤走了初始效率高的进入者。从内在效率分布来看，城市 A 的门槛效率似乎不高，但是临界厂商的实际边际成本要低于潜在进入者。

实际分布可以表示为 $\varphi(\rho)/\{1-\Phi[\rho_e(N, \mu)]\}$。若 ρ_e 增大则城市中厂商内在效率的期望值增加，这意味着，所观测到的厂商 k 的期望效率 $E(\rho)$ 同时受城市市场规模筛选效应和中间产品关联效应的影响，前者以 N 测度，而后者体现在 μ 与 N 的交互项中。控制中间产品效应以后，筛选效应体现为当城市规模增加时，城市效率门槛上升，因而观测到的低分位点厂商效率增加，但已有的中高分位数厂商却并不因这一机制改变区位决策，所以筛选效应表现为：城市规模增长对低分位厂商效率值具有较大的正向影响，而对中高效率水平的影响逐渐衰减。另一方面，城市中间产品效应 $(\mu N)^\mu$ 降低所有制造业厂商的实际边际成本，若产业关联同时使得城市的效率门槛降低，则综合影响表现为 $(\mu N)^\mu$ 对低分位内在效率期望的影响小于中高分位数。本章将实证检验城市规模与中间产品对城市异质厂商效率分布的影响。

7.2　计量模型和检验策略

根据理论预期，对式（7-14）右侧取对数并加以简化后有：$E(\rho|\rho_e) = E(\rho|N, \mu) = \alpha_0 + \alpha_1 \ln N + \alpha_2 \mu + \alpha_3 \mu \ln N$。厂商和城市的其他因素，也会影响厂商效率：厂商的财务状况和研发状况都直接作用于其内在效率水平，城市的基础设施和人力资本，以及职工的通勤成本也会影响厂商区位选择。因此，检验厂商内在效率 ρ 的影响因素的基本计量方程可以用式（7-15）表示，其中，厂商特征变量 x_f 和城市特征变量 x_c 均为控制变量：

$$\ln\rho_k = \beta_0 + \beta_1\ln N_k + \beta_2\mu_k + \beta_3\mu_k\ln N_k$$
$$+ \sum_i \beta_i x_{fik} + \sum_j \beta_j x_{cjk} + \varepsilon_k \qquad (7-15)$$

然而，利用方程（7-15）直接检验本章的理论模型存在两个主要困难。首先，我们需要厂商内在效率 ρ_k 的测度。由于事实上不可能观测到厂商最初从先验分布 $\varphi(\rho)$ 中获得的决定其生产决策的 ρ，本章估计一个比较稳定的企业特定效率。通常使用全要素生产率（TFP）刻画生产效率，TFP 由若干部分构成：厂商所属行业的技术特征、厂商的内在效率以及外部环境的冲击。为了分解这些成分，我们利用面板数据模型分别估计各行业的厂商生产函数：

$$\ln VA_{jit} = \alpha_{i0} + \alpha_{i1}\ln k_{jit} + \alpha_{i2}\ln l_{jit} + u_{ji} + e_{jit} \qquad (7-16)$$

VA_{jit}、k_{jit} 和 l_{jit} 分别是第 t 年产业 i 中厂商 j 的工业增加值、资本存量和劳动力数。工业增加值等于总产值减去中间投入品价值。由于不同产业部门具有不同的技术，每一产业的企业样本分别回归估计，常数项 α_{i0} 反映行业的平均效率水平。复合扰动项 $u_{ji} + e_{jit}$ 测度厂商个体面对的技术水平和冲击，其中，u_{ji} 是厂商的固定效应。假设厂商的内在生产率短期内不变，剥离随机误差 e_{jit} 后的厂商固定效应 u_{ji} 反映了各个厂商的内在效率，因此，我们将 u_{ji} 作为 ρ 的测度（由于估算时投入和产出指标均为对数形式，u_{ji} 实际上即是 $\ln\rho$）。

其次，利用上式测算出的固定效应实际上仍然是厂商与市场作用的结果，传统集聚外部性的累积效应同样可能作用于 ρ，其影响主要反映在城市规模的参数中。因此，OLS 估计的均值结果，并不足以分辨城市规模的筛选效应和集聚外部效应，进一步的讨论必须检验厂商效率在分布上的差异。已有代表性实证研究采用不同的方法，检验城市规模或相关指标对异质厂商效率分布的影响。库姆斯等（Combes et al.，2012）将城市按规模分为大小两组，比较厂商效率分布曲线之间的差异，有本等（Arimoto et al.，2014）使用类似方法对产业集中度分组再识别效率分布曲线的差异，西维尔森（Syverson，2004）则将不同城市单一分位点（0.1 分位点）的厂商效率以及各城市效率的均值、中位数和标准差对城市需求密度进行回归。对城市规模分组带有一些任意性且丢弃了连续变化的城市规模数据中的大量信息，而对不同城市同一分位点的比较适合于解释变量均为城市层面指标的情形（如第 6 章设计的实证模型），本章中我们还需要考虑厂商在中间产品需求上的个体差异，每个城市取同一分位点上的一个观测值同样会忽略许多信息。因此，我们选择使用对全部厂商样本的分位数回归模型（Quantile Regression），估计厂商效率的条件分位数，以反映城市规模和中间产品对效率分布不同分位点的边际效应及其变化趋势。分位数回归方法在第 4 章中已有所体现。根据肯克和巴西特（Koenker, Bassett, 1978）提出的分位数回归模型，假设条件分布 $\ln\rho \mid x$ 的总体 q 分位数 $\ln\rho_q(x)$ 是自变量 x 的线性函数，即 $\ln\rho_q(x_k) = x_k'\beta_q$，则分位数回归系数 β_q 的估计量可由极小化问题定义：

$$\min_{\beta_q} \sum_{k:\ln\rho_k \geqslant x_k'\beta_q}^{n} q \mid \ln\rho_k - x_k'\beta_q \mid$$
$$+ \sum_{k:\ln\rho_k < x_k'\beta_q}^{n} (1-q) \mid \ln\rho_k - x_k'\beta_q \mid \qquad (7-17)$$

其中，n 为样本容量，x_k 和 β_q 都是向量。库姆斯等（Combes et al., 2011, 2012）的研究表明，集聚外部性的期望效应应当随分位点升高而增加。由于筛选效应导致的城市门槛效率变化主要作用于低效厂商，因此，集聚经济和筛选效应对各分位点厂商效率的叠加影响可以用图 7 - 1 表示，其共同的作用在两端较大，在某一中间区段较小。比较不同分位点之间效率的差异，可以认为低分位点效率与极小点效率的差别（Y1 - Y2）完全来自（且低估了）筛选效应。

值得注意的是，本章的分位数回归和第 6 章对不同城市代表性分位点的估计都是基于不同分位点参数变化规律来识别筛选和集聚等机制，因此，对计量结果的分析主要是比较参数估计值在各分位点的变化，而不是获得单一参数绝对值。由于被解释变量是厂商生产率各分位点的期望值，而不是城市总体生产率或者平均生产率，因此，很大程度上避免了城市规模在模型中的内生性：就总体或者平均生产率而言，效率越高的城市可能吸引人口进入从而导致城市规模内生增长，但个体厂商的生产率对宏观城市规模的内生作用有

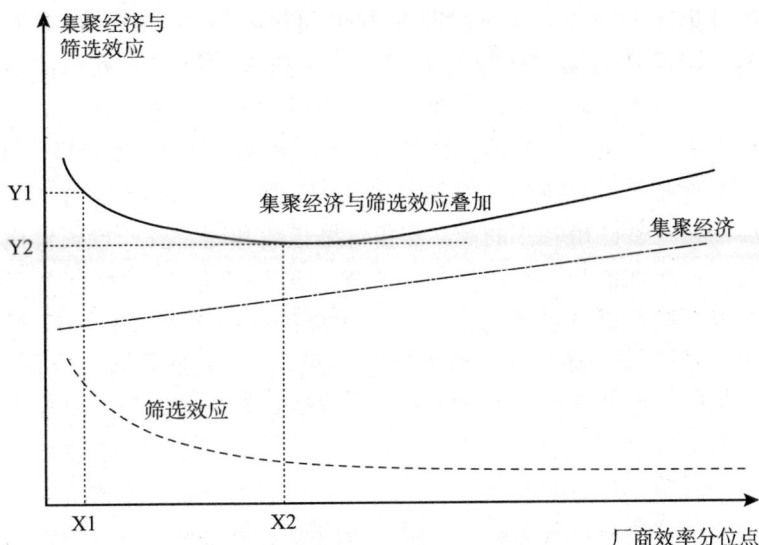

图 7-1　集聚经济与筛选效应的叠加作用

限。而使用生产函数面板估计得到的厂商固定效应，是厂商要素生产率中与历年扰动无关的部分，因此，这一测度也尽可能消除了效率的内生性。此外，考虑到厂商对中间产品的需求与其当年产出之间可能存在内生关系，我们在中间产品中剥离了直接材料部分，并且在基本回归结果之后以是否存在广告支出作为厂商与中间服务业关联程度的代理变量来检验参数估计的稳健性。

7.3　厂商和城市数据

本章使用的制造业厂商数据，仍然来自中国工业企业微观数据库。由于 2003 年及此前年份的样本，远小于 2004 年（2004 年中国进行了第一次经济普查）及以后历年样本，而 2008 年及后续年份

缺少计量模型所需的工业增加值和中间投入指标，因此本章使用
2004～2007年数据。从样本中剔除各年法人代码与法人单位不一
致、行业分类代码不一致以及工业增加值、资本存量、劳动力和中
间投入为零或负值的观测，得到有4年连续数据的厂商151317家。
为了消除各年各地价格水平波动的影响，我们以2000年为基期利
用厂商所在省区市各年的商品零售价格指数和固定资产投资价格指
数对工业增加值和资本存量进行平减。表7－1报告2007年各二位
数行业厂商数以及投入与产出的描述统计。在样本的151317组厂
商中，有近80%在县级及以上城市（见表7－1第4列）。可以看
到，不同行业的平均资本规模和产出规模具有显著差异，垄断型的
烟草行业以及石油加工业厂商规模较大，而市场化程度较高的纺
织、塑料制品等行业则以中小企业为主。工业企业数据库的中间投
入由四部分构成：直接材料、制造费用中的中间投入、管理费用中
的中间投入和营业费用中的中间投入。其中，生产用的直接材料很
大一部分可能是从全国范围的原料供应商采购，与本地市场关联相
对较小，而本市的生产服务业部门往往对其他三类中间投入发生作
用，因此，本章使用直接材料以外的三项中间投入合计占厂商工业
总产值的比重测度产业关联 μ。其余厂商层面的控制变量包括厂商
的资产负债率DAR（即厂商年末负债总额与资产总额的比率）和
厂商研发状况虚拟变量RD（存在研发支出为1）。表7－1的最后
两列，是各行业2007年非直接材料的中间投入比例和资产负债率
的平均水平。

　　我们使用方程（7－16）分别估计30个行业的固定效应方程，
提取行业 i 中厂商 j 的 u_{ji} 作为方程（7－15）的被解释变量。县级
市以下的行政单位数据缺乏，并且这些地区往往以农业生产为主，
因此，在利用全部连续样本估算厂商效率以后，只有位于县级及以
上城市的厂商进入对方程（7－15）的估计。

表 7-1　2007 年各行业厂商数与投入产出变量均值

行业代码	行业类型	厂商总数	城市内厂商数	工业增加值（千元）	资本存量（千元）	职工人数	中间投入 μ	负质率 DAR
13	农副食品加工业	8207	4696	36077	64305	187	0.098	0.503
14	食品制造业	3096	2208	38739	91683	271	0.137	0.529
15	饮料制造业	2007	1185	60607	148035	304	0.147	0.555
16	烟草制品业	100	81	1498317	2146894	868	0.143	0.359
17	纺织业	14764	11394	23035	63998	300	0.116	0.599
18	纺织服装、鞋、帽制造业	7443	6564	19172	39365	338	0.134	0.574
19	皮革、毛皮、羽毛（绒）及其制品业	3975	3328	25548	46593	437	0.112	0.551
20	木材加工及木、竹、藤、棕、草制品业	2964	1582	19278	38715	181	0.107	0.474
21	家具制造业	1801	1480	22335	55474	316	0.128	0.529
22	造纸及纸制品业	4600	3485	27262	96430	204	0.115	0.568
23	印刷业和记录媒介的复制	2795	2421	16774	55298	175	0.147	0.536
24	文教体育用品制造业	2188	1821	17680	43460	368	0.136	0.561
25	石油加工、炼焦及核燃料加工业	978	705	225156	577812	515	0.092	0.581
26	化学原料及化学制品制造业	11393	8714	41349	122157	211	0.119	0.542
27	医药制造业	2858	2121	51915	154844	301	0.180	0.516
28	化学纤维制造业	839	753	64770	253730	342	0.085	0.600
29	橡胶制品业	1867	1444	36390	103829	332	0.132	0.529
30	塑料制品业	7351	6274	18087	50663	185	0.121	0.557

续表

行业代码	行业类型	厂商总数	城市内厂商数	工业增加值(千元)	资本存量(千元)	职工人数	中间投入 μ	负债率 DAR
31	非金属矿物制品业	12294	8145	25435	71001	234	0.145	0.538
32	黑色金属冶炼及压延加工业	3531	2426	189361	615051	599	0.095	0.621
33	有色金属冶炼及压延加工业	2848	2131	88723	232232	319	0.088	0.611
34	金属制品业	8205	7063	21463	54252	195	0.124	0.579
35	通用设备制造业	12268	10110	25924	79139	207	0.130	0.582
36	专用设备制造业	5756	5006	31611	102872	253	0.139	0.568
37	交通运输设备制造业	6757	5765	75016	260686	401	0.128	0.596
39	电气机械及器材制造业	9623	8605	43628	116748	300	0.111	0.590
40	通信设备、计算机及其他电子设备制造业	5360	5047	103337	307101	737	0.147	0.554
41	仪器仪表及文化、办公用机械制造业	2163	2019	34514	92079	306	0.154	0.528
42	工艺品及其他制造业	3109	2255	17913	41485	276	0.127	0.528
43	废弃资源和废旧材料回收加工业	175	160	27174	58564	141	0.198	0.614
	合计	151317	118988	40980	115100	289	0.125	0.562

资料来源：根据《中国工业企业数据库》相关统计数据测算。

为保证厂商区位的准确性，我们通过数据检查修正了上千处因数据库 FIPS 代码错误而导致的厂商—城市匹配错误。解释变量城市规模是地级市市辖区和县级市年末总人口（pop），数据来源于历年《中国城市统计年鉴》。此外，由于城市年鉴采用的是户籍统计口径，非户籍人口比重较高的部分城市（如北京、上海、广州等）根据当地统计年鉴的相关指标进行了调整；重庆、哈尔滨、乌鲁木齐等地级市的市辖区范围在样本期间发生了变动，我们将被合并的县级单位指标加入调整前的市辖区数据以保持统计口径的一致性。

其余可能影响到制造业企业选址决策的城市环境变量，包括城市的基础设施和人力资本水平。城市基础设施用地级市市辖区和县级市的人均道路面积（strt）、每万人公共汽车数（bus）、每万人路灯数（lamp）和建成区排水管道密度（sew）来测度。城市人力资本用市辖区每万人在校大学生数（cst）和每万人在校中学生数（mst）作为代理变量，县级市只有中学生数没有大学生数，但考虑到高等学校基本上集中在地级以上城市，因此造成的偏差不大，为防止大学生数为零无法取对数，我们对该变量的所有观测值都加上一个比最小值还小的量（0.001）。此外，根据经典的城市经济学模型，城市规模扩张会提高劳动力的通勤成本和其他集聚非经济性，为控制这一效应，我们在模型中引入城市规模的二次项，若二次项系数小于 0，则说明城市规模增加的边际影响因通勤和其他非经济性而递减。控制变量数据来源于历年《中国城市统计年鉴》和《中国城市建设统计年鉴》。表 7 - 2 是城市主要指标 2003 ~ 2007 年的描述统计量。

表7-2　　2004~2007年历年县级及以上城市变量的描述统计

变量	2004 年		2005 年		2006 年		2007 年	
	均值	标准差	均值	标准差	均值	标准差	均值	标准差
pop（万人）	95.24	135.61	96.70	138.45	98.17	141.41	99.47	144.59
strt（m²/人）	11.17	5.51	11.82	5.78	11.92	5.25	12.94	5.97
bus（台/万人）	5.95	4.48	6.16	4.69	6.15	4.13	7.01	4.55
lamp（盏/万人）	178.88	215.13	198.57	220.31	216.25	234.68	227.77	232.13
sew（km/km²）	6.59	3.89	6.81	3.97	7.24	4.30	7.60	4.78
cst（人/万人）	122.71	229.90	142.13	266.46	153.15	284.27	166.30	301.50
mst（人/万人）	691.27	161.29	678.86	167.27	662.41	178.37	643.94	166.45

资料来源：根据相关年份城市统计数据测算。

7.4 城市规模和中间产品影响 厂商内在效率的计量分析

本章估计的厂商内在效率在 2004 ~ 2007 年间是一个固定值，因此，在估计方程（7 - 15）时使用各厂商和城市变量 4 年的平均值。虚拟变量在 4 年内有 1 年为 1 则均值为 1，否则为 0（中国工业企业数据库没有报告 2004 年企业研发状况，使用多年均值还可减轻逐年估计导致的误差）。

7.4.1 制造业厂商分位数回归

为较为准确地反映解释变量对不同分位点厂商内在效率的影响，我们每隔 0.05 分位点估计一组方程，表 7 - 3 列出了 19 组参数估计结果，参数估计的括号中是自助法标准误差。为了确保自助法估计结果的可重复性，我们预先设定随机数种子（seed）为 10101。

我们先分析城市规模的参数估计。城市规模一次项在所有分位点的参数均为正，并且除 0.90 分位点外显著性水平都超过 1%，说明各城市所有厂商的内在效率分布都受到城市规模的显著作用。lnpop 的系数在各分位点的变化显示，城市规模的作用在厂商效率的 0.05 ~ 0.25 分位点逐渐递减，在 0.25 ~ 0.45 分位点处于低位，在 0.45 ~ 0.95 分位点以上则表现出增强趋势。第 7.2 节的讨论中指出，lnpop 的参数估计包含城市市场规模的筛选效应和传统集聚外部性，筛选效应随效率分位点提升而衰减，而集聚效应则随效率

表7-3　　　　　制造业厂商分位数回归结果

	0.05	0.10	0.15	0.20	0.25	0.30	0.35
lnpop	0.2449*** (0.053)	0.1891*** (0.0391)	0.1731*** (0.0335)	0.1337*** (0.0249)	0.1232*** (0.0286)	0.1139*** (0.0307)	0.1243*** (0.0281)
μ	-2.5475*** (0.2638)	-2.5042*** (0.1584)	-2.5424*** (0.1721)	-2.5842*** (0.1464)	-2.5488*** (0.1523)	-2.5319*** (0.1149)	-2.439*** (0.1155)
μlnpop	0.1402*** (0.0511)	0.1543*** (0.0318)	0.1785*** (0.03)	0.1885*** (0.0246)	0.1941*** (0.0272)	0.1948*** (0.0203)	0.1804*** (0.02)
DAR	-0.4239*** (0.0221)	-0.3874*** (0.0143)	-0.3865*** (0.0103)	-0.3934*** (0.0108)	-0.3908*** (0.0096)	-0.3875*** (0.0103)	-0.3941*** (0.0096)
RD	0.0434*** (0.0105)	0.0547*** (0.0065)	0.0523*** (0.0065)	0.0547*** (0.0049)	0.0486*** (0.0054)	0.0488*** (0.0054)	0.0454*** (0.0054)
$(\text{lnpop})^2$	-0.0181*** (0.0048)	-0.014*** (0.0037)	-0.0132*** (0.0031)	-0.0101*** (0.0023)	-0.0096*** (0.0027)	-0.0091*** (0.0028)	-0.0098*** (0.0026)
lnstrt	0.1979*** (0.0227)	0.1609*** (0.0134)	0.153*** (0.0106)	0.1387*** (0.0091)	0.1348*** (0.0093)	0.1392*** (0.0085)	0.1366*** (0.0075)
lnbus	-0.0125* (0.0073)	-0.0126** (0.005)	-0.0072 (0.0052)	-0.0071** (0.0035)	-0.012*** (0.0041)	-0.0134*** (0.0044)	-0.0103*** (0.0039)
lnlamp	-0.0635*** (0.0077)	-0.0633*** (0.0068)	-0.0776*** (0.0065)	-0.0838*** (0.0054)	-0.0866*** (0.0044)	-0.0963*** (0.0054)	-0.0965*** (0.005)

续表

	0.05	0.10	0.15	0.20	0.25	0.30	0.35
lnsew	0.0568*** (0.0078)	0.0455*** (0.0073)	0.034*** (0.0073)	0.0358*** (0.0068)	0.0252*** (0.0072)	0.0181*** (0.0066)	0.0057 (0.0067)
lncst	-0.0082*** (0.0011)	-0.0056*** (0.001)	-0.0036*** (0.0006)	-0.002*** (0.0005)	-0.0007 (0.0006)	0.0009* (0.0005)	0.0006 (0.0006)
lnmst	0.1169*** (0.0241)	0.1371*** (0.0145)	0.1491*** (0.0164)	0.1568*** (0.0158)	0.1687*** (0.0164)	0.1733*** (0.0138)	0.1846*** (0.0128)

	0.40	0.45	0.50	0.55	0.60	0.65	0.70
lnpop	0.117*** (0.0277)	0.1242*** (0.0249)	0.1408*** (0.0381)	0.1435*** (0.0173)	0.1571*** (0.0227)	0.1601*** (0.0213)	0.175*** (0.026)
μ	-2.4854*** (0.1295)	-2.409*** (0.1101)	-2.5278*** (0.3154)	-2.4362*** (0.1348)	-2.4509*** (0.1142)	-2.6017*** (0.1302)	-2.579*** (0.1431)
μlnpop	0.1892*** (0.0226)	0.1749*** (0.0189)	0.1932*** (0.0633)	0.1755*** (0.0247)	0.1763*** (0.022)	0.203*** (0.0239)	0.1981*** (0.026)
DAR	-0.3943*** (0.0104)	-0.4003*** (0.0103)	-0.4075*** (0.0127)	-0.4137*** (0.0103)	-0.423*** (0.0101)	-0.4299*** (0.0105)	-0.4326*** (0.0107)
RD	0.0445*** (0.005)	0.0433*** (0.0053)	0.0381*** (0.0079)	0.0355*** (0.0059)	0.0347*** (0.0057)	0.0342*** (0.0056)	0.0323*** (0.0058)
$(lnpop)^2$	-0.0092*** (0.0025)	-0.0099*** (0.0023)	-0.0115** (0.0046)	-0.0116*** (0.0017)	-0.0129*** (0.0019)	-0.0139*** (0.0018)	-0.0155*** (0.0022)

续表

	0.40	0.45	0.50	0.55	0.60	0.65	0.70
lnstrt	0.1347*** (0.0081)	0.1379*** (0.0075)	0.1416*** (0.0075)	0.1433*** (0.0075)	0.1437*** (0.0091)	0.1426*** (0.0093)	0.1489*** (0.0095)
lnbus	-0.0124*** (0.0037)	-0.0121*** (0.0041)	-0.0145*** (0.0051)	-0.0139*** (0.0048)	-0.0142** (0.0062)	-0.0133** (0.0053)	-0.0136** (0.0061)
lnlamp	-0.098*** (0.0052)	-0.1052*** (0.0053)	-0.1065*** (0.0053)	-0.1113*** (0.0061)	-0.116*** (0.0065)	-0.1214*** (0.0068)	-0.1249*** (0.0068)
lnsew	0.0001 (0.0065)	-0.0067 (0.0059)	-0.0177*** (0.0055)	-0.0294*** (0.007)	-0.0346*** (0.0072)	-0.0402*** (0.0076)	-0.054*** (0.0085)
lncst	0.0011** (0.0005)	0.0016*** (0.0004)	0.0019*** (0.0004)	0.0018*** (0.0006)	0.0021*** (0.0006)	0.0024*** (0.0007)	0.0028*** (0.0009)
lnmst	0.197*** (0.0095)	0.1921*** (0.0106)	0.2054*** (0.0153)	0.2126*** (0.0116)	0.2119*** (0.0104)	0.2116*** (0.01)	0.2209*** (0.0122)
	0.75	0.80	0.85	0.90	0.95		OLS
lnpop	0.1896*** (0.0268)	0.1813*** (0.0311)	0.1655*** (0.0378)	0.164 (0.2068)	0.1905*** (0.0531)		0.1722*** (0.0196)
μ	-2.6096*** (0.1383)	-2.6368*** (0.1528)	-2.6768*** (0.1987)	-2.6392 (2.1803)	-2.5113*** (0.2441)		-2.3960*** (0.1142)
μlnpop	0.2036*** (0.0259)	0.2047*** (0.0296)	0.208*** (0.0348)	0.1984 (0.357)	0.1824*** (0.0404)		0.1640*** (0.0203)

续表

	0.75	0.80	0.85	0.90	0.95	OLS
DAR	-0.4495*** (0.0125)	-0.4458*** (0.0128)	-0.4636*** (0.0167)	-0.4703*** (0.1474)	-0.4262*** (0.0234)	-0.4183*** (0.0077)
RD	0.0272*** (0.0056)	0.028*** (0.0062)	0.0204*** (0.0066)	0.0126 (0.0216)	0.0027 (0.012)	0.0308*** (0.0048)
$(\text{lnpop})^2$	-0.0171*** (0.0024)	-0.017*** (0.0027)	-0.0169*** (0.003)	-0.0177 (0.0156)	-0.021*** (0.0045)	-0.0145*** (0.0017)
lnstrt	0.1457*** (0.009)	0.1506*** (0.0098)	0.1541*** (0.0104)	0.1523*** (0.0403)	0.1225*** (0.0172)	0.1519*** (0.0065)
lnbus	-0.0168*** (0.0058)	-0.0171*** (0.006)	-0.0137*** (0.0066)	-0.0085 (0.0217)	-0.0299*** (0.0109)	-0.0123*** (0.0038)
lnlamp	-0.1278*** (0.007)	-0.1332*** (0.0064)	-0.1415*** (0.0074)	-0.1488*** (0.0455)	-0.1507*** (0.0091)	-0.1031*** (0.0041)
lnsew	-0.0611*** (0.0103)	-0.0667*** (0.009)	-0.0704*** (0.011)	-0.0738 (0.0527)	-0.071*** (0.0165)	-0.0205*** (0.0050)
lncst	0.0029*** (0.001)	0.0031*** (0.0011)	0.0035*** (0.0012)	0.003 (0.003)	0.0035** (0.0016)	-0.0006 (0.0006)
lnmst	0.2309*** (0.0129)	0.2357*** (0.0113)	0.2308*** (0.0156)	0.2282*** (0.0787)	0.2588*** (0.0315)	0.2015*** (0.0100)

注：*、**和***分别表示在10%、5%和1%的显著水平下通过统计显著性检验。本章表7-4～表7-7下同。

分位点提升而增强，因此，城市规模在最低分位点的回归系数与
0.25~0.45 分位点系数之差主要源于市场对异质厂商效率的内生选
择，见图 7－1。两个低分位点（0.05 和 0.10）的平均效应为
0.2170，而五个影响最小的分位点（0.25~0.45）平均效应为
0.1205，即使这五个分位点的参数不含筛选效应的作用（即参数完
全测度集聚经济），并且厂商在最低分位点获得的集聚外部性与这
些分位点一致（实际上应当更小），则筛选效应对城市低分位数厂
商效率水平的影响也相当于集聚效应的 80%［(0.2170－0.1205)/
0.1205 = 0.80］。在控制了城市中间产品本地市场效应的影响以后，
我们的估计结果表现出显著的筛选效应，这是对已有代表性实证研
究（Combes et al.，2012 等）的重要改进。

　　本章关注的另一重点是中间产品的影响。非直接材料中间投入
比例的一次项系数对所有分位点效率的影响都为负值，这可能有两
方面的原因：其一，与直接材料不同，生产和经营过程所需的其他
中间产品和服务的跨区交易成本很高，当厂商选择将生产和经营环
节中的更多部分外包时，若没有当地中间产品部门的支撑，则机会
成本会显著增加，导致其生产效率下降；其二，中间投入占总产值
的比重与增加值的比重在统计上是反向变化的，尽管我们在估算厂
商效率时只保留了厂商的固定效应部分，构造 μ 指标时也去除了投
入成本中比重最大的原材料，但这种统计上的内生性可能仍然存
在，为此我们将在 7.4.2 小节选择其他指标检验上述实证结果的稳
健性。交叉项 μlnpop 在所有分位点都有正参数估计值，且除 0.90
分位点外都高度显著，意味着大城市能够形成多样化并且具有规模
经济的中间产品部门，降低了下游制造业厂商的边际成本，大城市
中间产品部门规模经济对城市制造业实际生产率有提升作用。比较
各分位点参数值的变化，可以看到中间产品本地市场效应对两个最
低效率分位点作用较小，而其余分位点的估计值都在 0.17~0.20
区间。0.15~0.95 分位点的参数，似乎意味着中间产品的影响对不

同效率的厂商没有递增趋势或递减趋势，异质厂商从这一效应中获得的收益是稳定的。中间产品本地市场效应对最低效率分位点（0.05 和 0.10），为何会明显偏小呢？如理论部分所指出的，中间产品规模经济一方面，会改变各厂商以边际成本测度的实际生产率；另一方面，会影响方程（7-14）所决定的城市门槛效率水平，这种影响综合反映在城市规模 lnpop + μlnpop 系数中（即理论模型中 N 通过两个渠道对城市临界效率 ρ_e 的最终作用）。考虑一组 μ 为均值的厂商（见表 7-1 中均值 0.125），城市规模总效应在 0.05 分位点和 0.10 分位点的平均值为 0.2354，而在 0.25 ~ 0.45 五个分位点的平均值为 0.1438，二者差异比基于城市规模一次项的估算结果有所减小，这意味着大城市的中间产品效应提升了部分内在效率较低的厂商的竞争力。① 当存在区域间贸易时，若没有这种提升作用，处于临界效率的本地厂商会因外地高效厂商进入本地市场而被淘汰。中间产品本地市场效应实际上减弱了大城市筛选效应对本地厂商的影响。

我们将更多分位数的参数估计结果绘制成图 7-2，其中，lnpop 的曲线大致上表现出先减小、后增加的"U"型变化趋势，而 μlnpop 的曲线除最低分位点较低以外，其余分位点基本在一个水平区间内波动。图 7-2 为城市规模的选择效应和中间产品效应提供了更直观的证据。上述实证结果意味着，城市规模增长从需求和供给两方面作用于城市效率。其一，城市规模的扩大，意味着更多同类型厂商将进入市场，消费者易于寻找替代厂商，高效厂商因价格优势迅速占据市场而低效厂商销量下降甚至被迫退出，因此大城市

---

①　不考虑交叉项时，城市规模对低分位点和中等分位点的影响之差为 0.0965，考虑交叉项以后减小为 0.0916。假设集聚外部性在低分位点与中等分位点相同，且估算结果表明不同分位点中间产品规模经济对成本函数的影响并无显著差异，由 0.0965 降为 0.0916，就意味着，城市规模对异质厂商的筛选作用有所减小。μ 较大时减小程度会更明显。

更具竞争性。其二，城市规模扩大，意味着城市能容纳更大的上下游多样化产业部门和更多的企业，更多的厂商能从下游部门需求和上游中间产品的规模经济中获得效益，因此，大城市更具包容性。不同规模城市实际生产率的差异，不仅源于传统集聚经济，城市的包容性和竞争性及其微观经济机制同样决定了城市的宏观效率。

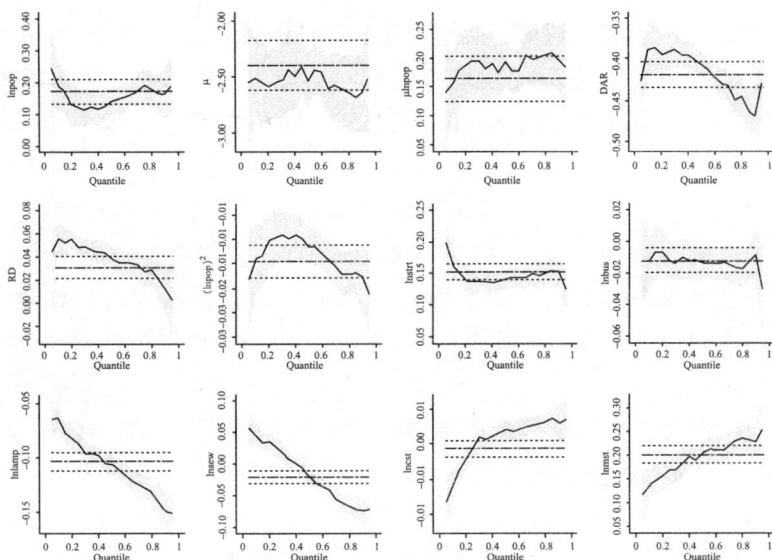

图 7 - 2　分位数回归系数变化曲线

最后，扼要讨论控制变量的参数估计。厂商层面的控制变量中，虚拟变量 RD 在所有方程中都表现出正向影响，除两个最高分位点以外都非常显著，反映了进行研发投入对厂商内在效率的积极贡献；而 RD 对 0.90 和 0.95 效率分位点作用较小，可能是因为最高效的厂商已经具备先进生产技术，研发投入的边际贡献有所下降。厂商的资产负债率 DAR 在所有分位点的影响均显著为负。资产负债率反映在企业总资产中有多大比例是通过借债来筹资的，反映了企业的财务杠杆水平，通常认为适宜水平是 40% ～ 60%，而根据表 7 - 1，当前中国制造业企业的平均水平是 0.56，进一步增加资产中借债的比例已不利于企业的发展。城市层面的控制变量中，城市规模的二次项对所有分位点的影响都显著为负，与预期一致，城市人口规模增加会导致人均通勤时间成本和其他集聚非经济影响的上升，新增人口的边际有效劳动力递减，从而降低厂商的生产效率。我们可以根据城市规模的一次项系数和二次项系数计算一个倒"U"型曲线的顶点规模，这一规模的取值在 90 万 ～ 860 万人之间变化，低分位点较高而高分位点较低。虽然城市规模在厂商效率高分位点的倒"U"型曲线反映了集聚经济和集聚不经济的影响，但是，低分位点的参数估计包含明显的筛选效应，不能表示集聚经济与集聚不经济导致的城市最优规模，并且单个企业效率最大化的城市规模与全部企业和居民加总决定的最优规模也存在差异。若以OLS 估计的均值结果计算（一次项系数 0.1722，二次项系数 - 0.0145），顶点规模大约 380 万人，远高于表 7 - 2 中 653 个县级以上城市的平均水平。测度基础设施的指标中，人均道路面积 strt 的系数在所有方程中显著为正，显示了城市道路基础设施对所有厂商效率的积极作用；万人路灯数 lamp 和万人公交车数 bus 的系数均为负，可能意味着控制道路因素以后，这两个指标主要反映了城市拥堵程度。而建成区排水管道密度 sew 只在低分位数显著为正，说明这类设施改善能够吸引更多潜在厂商进入，增加了市场的竞争程度，因而可能抬高了城市的门槛效率。测度城市人力资本储备的两个变量中，万人中学生数 mst 在各分位点均表现出正向作用，而万人大学生数 cst 为从 0.40 分位点开始才显著为正，这可能是因为大学生比例较高的劳动力市场中平均劳动成本较高，但是效率最低的厂商却并不需要很高的专业知识和技能，而效率越高的厂商越可能从高素质的劳动力中获益。

7.4.2 稳健性检验

由于厂商 TFP 与中间投入 μ 之间，可能仍存在统计上的内生性，我们根据数据的可得性选择厂商广告支出虚拟变量 AD 来测度其与城市中间产品部门的关联，检验表 7 - 3 报告的基本回归的可靠性。样本中，只有部分厂商有广告开支，在 2004 ~ 2007 年任意一年有广告支出时，AD = 1。为简明起见，表 7 - 4 报告城市规模和广告支出变量以及交叉项三个核心变量的分位数回归结果。

AD 和 ADlnpop 的参数符号与表 7 - 3 中 μ 和 μlnpop 一致，说明表 7 - 3 的基本回归结果是可信的。如表 7 - 4 所示，城市规模一次项系数在厂商效率 0.05 ~ 0.35 分位点表现出了连续的递减趋势，0.05 分位点和 0.10 分位点的平均效应约为 0.2408，而 0.35 分位点的极小值为 0.1295，依此估计，城市规模对低分位效率厂商的选择效应仍然相当于集聚外部性的 80% 以上 [（0.2408 - 0.1295）/ 0.1295 = 0.86]，这与表 7 - 3 的估计结果基本相同。然而，与基本回归结果不同，ADlnpop 的系数表现出增长趋势，并且在高于中位数的分位点上明显递增，说明效率越高的厂商可能从共享城市广告投入中获益越多。尽管参数在低分位点的估计值小于中高分位点，与理论预期并不矛盾，但由于交叉项在大多数分位点上不再稳定浮动，因此，我们无法通过比较低分位数与其他分位数上城市规模总效应的差别来定量判断广告行业规模经济是否减轻了筛选效应对本地厂商的影响。

此外，已有的研究结果普遍表明，国有成分高的企业市场化程度较低，地方政府在一定程度上保护和控制着国有企业，因此，这些企业不易在城市间迁移。我们根据出资人的实际投资或控股程度将企业分为国有控股、集体控股、私人控股、港澳台商外资控股、

表 7 - 4　以广告虚拟变量替代中间投入比例的分位数回归结果

	0.05	0.10	0.15	0.20	0.25	0.30	0.35
lnpop	0.2876 *** (0.0443)	0.1939 *** (0.0392)	0.1835 *** (0.0257)	0.1720 *** (0.0235)	0.1614 *** (0.0263)	0.1432 *** (0.0286)	0.1295 *** (0.0195)
AD	-0.3224 *** (0.0482)	-0.3063 *** (0.0283)	-0.3336 *** (0.0297)	-0.3342 *** (0.0265)	-0.3481 *** (0.0243)	-0.3623 *** (0.0256)	-0.3663 *** (0.0261)
ADlnpop	0.0537 *** (0.0087)	0.0518 *** (0.0053)	0.0554 *** (0.0054)	0.0546 *** (0.0048)	0.0577 *** (0.0044)	0.0592 *** (0.0045)	0.0596 *** (0.0045)

	0.40	0.45	0.50	0.55	0.60	0.65	0.70
lnpop	0.1440 *** (0.0168)	0.1460 *** (0.0205)	0.1545 *** (0.0196)	0.1470 *** (0.0198)	0.1637 *** (0.0221)	0.1541 *** (0.0261)	0.1576 *** (0.0295)
AD	-0.3762 *** (0.0231)	-0.3945 *** (0.0190)	-0.4147 *** (0.0185)	-0.4378 *** (0.0198)	-0.4730 *** (0.0183)	-0.4864 *** (0.0179)	-0.5066 *** (0.0194)
ADlnpop	0.0612 *** (0.0041)	0.0635 *** (0.0034)	0.0665 *** (0.0032)	0.0710 *** (0.0036)	0.0769 *** (0.0032)	0.0789 *** (0.0031)	0.0811 *** (0.0032)

	0.75	0.80	0.85	0.90	0.95
lnpop	0.1760 *** (0.0356)	0.1706 *** (0.0395)	0.1538 *** (0.0470)	0.1705 *** (0.0361)	0.172 *** (0.0472)
AD	-0.5468 *** (0.0209)	-0.6267 *** (0.0261)	-0.6808 *** (0.0303)	-0.7391 *** (0.0383)	-0.7646 *** (0.0388)
ADlnpop	0.0879 *** (0.0033)	0.1003 *** (0.0042)	0.088 *** (0.0055)	0.1177 *** (0.0072)	0.1193 *** (0.0071)

其他外资控股五类。我们对国有控股型企业设定虚拟变量 S = 1，其他类型 S = 0，在基本回归模型中引入交叉项 Slnpop 来测度城市规模对国有企业的不同影响。表 7 - 5 报告了关键变量的参数估计结果。如表 7 - 5 所示，lnpop 的系数变化趋势与基本回归结果完全一致。变量 Slnpop 的参数在所有分位点均显著为负，并且在效率低分位数的绝对值更大，意味着本书研究样本中的国有企业即使内在效率较低也不易因大城市市场的激烈竞争而被淘汰。比较各分位点 Slnpop 的参数估计可以发现支持筛选效应的经验证据：给定城市规模，最低效的国有企业与非国有企业之间的期望效率差异，显著大于相对高效的国有企业与非国有企业的差距，显然，市场竞争筛选掉了与本书研究样本中的国有企业一样低效的市场化厂商，而本书研究样本中的国有企业由于政府保护继续经营。

7.4.3 不同等级和不同区域城市回归结果

考虑到全部制造业厂商固定效率分布的连续性，在基本结果中，我们将地级城市和县级城市的样本混合在一起进行回归。然而，在中国现有的城市行政体制下，各级城市获得的政策支持和经济资源不尽相同，城市等级可能影响厂商的区位选择，进而改变城市规模对厂商效率分布的边际影响。因此，我们在模型中引入城市等级虚拟变量 d_L 与城市规模的交叉项 $d_L lnpop$ 来识别行政因素的作用，$d_L = 1$ 表示县级城市，$d_L = 0$ 为地级及以上城市。核心变量的参数估计，见表 7 - 6。

表 7 - 6 显示，城市行政等级对低分位数期望效率的影响较小，而对高分位数效率期望的影响较大。其中，0.05 分位点和 0.10 分位点的 $d_L lnpop$ 参数估计不显著，并且城市规模一次项的参数与表 7 - 3 几乎一致，而中等分位点无论是当 $d_L = 0$ 时还是 $d_L = 1$ 时，城市规模对厂商效率的影响都明显小于低分位点，因此，对于不同等

表 7 - 5 区分国有企业的分位数回归结果

	0.05	0.10	0.15	0.20	0.25	0.30	0.35
lnpop	0.2237 *** (0.0407)	0.1599 *** (0.0280)	0.1531 *** (0.0234)	0.1129 *** (0.0191)	0.1099 *** (0.0194)	0.1018 *** (0.0131)	0.1023 *** (0.0160)
μ	-2.7054 *** (0.3573)	-2.5883 *** (0.2517)	-2.6400 *** (0.1502)	-2.5103 *** (0.1551)	-2.4983 *** (0.1313)	-2.4512 *** (0.1222)	-2.4541 *** (0.1194)
μlnpop	0.1859 *** (0.0625)	0.1830 *** (0.0468)	0.2102 *** (0.0283)	0.1833 *** (0.0286)	0.1924 *** (0.0239)	0.1845 *** (0.0207)	0.1869 *** (0.0216)
Slnpop	-0.0729 *** (0.0042)	-0.0589 *** (0.0032)	-0.0490 *** (0.0023)	-0.0444 *** (0.0022)	-0.0405 *** (0.0019)	-0.0367 *** (0.0014)	-0.0332 *** (0.0017)

	0.40	0.45	0.50	0.55	0.60	0.65	0.70
lnpop	0.1015 *** (0.0178)	0.1014 *** (0.0167)	0.1158 *** (0.0194)	0.1256 *** (0.0168)	0.1409 *** (0.0206)	0.1458 *** (0.0219)	0.1536 *** (0.0258)
μ	-2.4492 *** (0.1351)	-2.3868 *** (0.1406)	-2.4430 *** (0.1710)	-2.4510 *** (0.1546)	-2.4514 *** (0.1575)	-2.5286 *** (0.1489)	-2.5783 *** (0.1703)
μlnpop	0.1871 *** (0.0251)	0.1752 *** (0.0256)	0.1834 *** (0.0302)	0.1812 *** (0.0288)	0.1792 *** (0.0298)	0.1905 *** (0.0276)	0.1989 *** (0.0302)
Slnpop	-0.0319 *** (0.0015)	-0.0304 *** (0.0017)	-0.0270 *** (0.0015)	-0.0267 *** (0.0017)	-0.0245 *** (0.0014)	-0.0248 *** (0.0016)	-0.0221 *** (0.0017)

续表

	0.75	0.80	0.85	0.90	0.95
lnpop	0.1696 (0.2624)	0.1627 *** (0.0295)	0.1511 *** (0.0342)	0.1403 *** (0.0440)	0.1725 *** (0.0459)
μ	-2.6232 *** (0.2025)	-2.6524 *** (0.1676)	-2.7008 *** (0.2087)	-2.7104 *** (0.2408)	-2.4793 *** (0.2583)
μlnpop	0.2090 *** (0.0651)	0.2092 *** (0.0306)	0.2150 *** (0.0361)	0.2149 *** (0.0440)	0.1741 *** (0.0412)
Slnpop	-0.0209 *** (0.0046)	-0.0201 *** (0.0024)	-0.0177 *** (0.0021)	-0.0191 *** (0.0025)	-0.0171 *** (0.0028)

表 7 - 6　区分城市等级的分位数回归结果

	0.05	0.10	0.15	0.20	0.25	0.30	0.35
lnpop	0.2464 *** (0.0595)	0.1875 *** (0.0306)	0.1479 *** (0.0305)	0.1022 *** (0.0287)	0.0905 *** (0.0313)	0.0949 *** (0.0263)	0.1002 *** (0.0247)
μ	-2.5345 *** (0.3591)	-2.5014 *** (0.1771)	-2.5302 *** (0.1666)	-2.5776 *** (0.1871)	-2.5481 *** (0.1860)	-2.5292 *** (0.1545)	-2.4196 *** (0.1581)
μlnpop	0.1381 ** (0.0676)	0.1535 *** (0.0320)	0.1781 *** (0.0302)	0.1887 *** (0.0327)	0.1948 *** (0.0326)	0.1949 *** (0.0269)	0.1772 *** (0.0268)
$d_L$lnpop	0.0001 (0.0179)	0.0035 (0.0097)	0.0158 ** (0.0075)	0.0242 *** (0.0076)	0.0268 *** (0.0062)	0.0260 *** (0.0053)	0.0228 *** (0.0069)

	0.40	0.45	0.50	0.55	0.60	0.65	0.70
lnpop	0.0860 *** (0.0247)	0.0892 *** (0.0246)	0.1080 *** (0.0202)	0.1134 *** (0.0241)	0.1179 *** (0.0225)	0.1197 *** (0.0297)	0.1327 *** (0.0314)
μ	-2.4784 *** (0.1349)	-2.4106 *** (0.1405)	-2.4804 *** (0.1261)	-2.4073 *** (0.1379)	-2.4588 *** (0.1229)	-2.5682 *** (0.1410)	-2.5326 *** (0.1468)
μlnpop	0.1869 *** (0.0232)	0.1750 *** (0.0244)	0.1847 *** (0.0210)	0.1703 *** (0.0228)	0.1781 *** (0.0204)	0.1977 *** (0.0232)	0.1896 *** (0.0243)
$d_L$lnpop	0.0255 *** (0.0062)	0.0266 *** (0.0064)	0.0279 *** (0.0067)	0.0311 *** (0.0078)	0.0305 *** (0.0081)	0.0285 *** (0.0086)	0.0349 *** (0.0079)

续表

	0.75	0.80	0.85	0.90	0.95
lnpop	0.1380*** (0.0308)	0.1324*** (0.0323)	0.1053*** (0.0333)	0.0847** (0.0409)	0.0940* (0.0499)
μ	-2.5639*** (0.1469)	-2.6253*** (0.1853)	-2.6794*** (0.1636)	-2.5842*** (0.2112)	-2.3940*** (0.2375)
μlnpop	0.1951*** (0.0249)	0.2015*** (0.0320)	0.2089*** (0.0281)	0.1895*** (0.0349)	0.1644*** (0.0407)
$d_L$lnpop	0.0389*** (0.0095)	0.0409*** (0.0087)	0.0456*** (0.0080)	0.0590*** (0.0095)	0.0811*** (0.0147)

表 7-7　区分东部城市和中西部城市的分位数回归结果

	0.05	0.10	0.15	0.20	0.25	0.30	0.35
lnpop	0.2233 *** (0.0407)	0.1657 *** (0.0299)	0.1496 *** (0.0314)	0.1218 *** (0.0320)	0.1164 *** (0.0273)	0.1114 *** (0.0261)	0.1246 *** (0.0257)
μ	-2.5027 *** (0.3503)	-2.4765 *** (0.2399)	-2.5429 *** (0.1807)	-2.5280 *** (0.1996)	-2.5527 *** (0.1884)	-2.5383 *** (0.1819)	-2.4427 *** (0.1717)
μlnpop	0.1372 ** (0.0610)	0.1521 *** (0.0416)	0.1834 *** (0.0328)	0.1803 *** (0.0346)	0.1961 *** (0.0307)	0.1965 *** (0.0304)	0.1814 *** (0.0284)
$d_R$lnpop	0.0214 *** (0.0036)	0.0154 *** (0.0025)	0.0100 *** (0.0024)	0.0061 *** (0.0019)	0.0039 ** (0.0018)	0.0011 (0.0013)	-0.0005 (0.0013)

	0.40	0.45	0.50	0.55	0.60	0.65	0.70
lnpop	0.1189 *** (0.0285)	0.1355 *** (0.0238)	0.1502 *** (0.0219)	0.1636 *** (0.0273)	0.1684 *** (0.0244)	0.1845 *** (0.0253)	0.1936 *** (0.0256)
μ	-2.4832 *** (0.1642)	-2.4297 *** (0.1478)	-2.5649 *** (0.1395)	-2.4894 *** (0.1428)	-2.4764 *** (0.1497)	-2.6486 *** (0.1381)	-2.6304 *** (0.1480)
μlnpop	0.1877 *** (0.0270)	0.1782 *** (0.0239)	0.1951 *** (0.0223)	0.1839 *** (0.0230)	0.1806 *** (0.0255)	0.2096 *** (0.0226)	0.2056 *** (0.0246)
$d_R$lnpop	-0.0036 *** (0.0011)	-0.0058 *** (0.0011)	-0.0074 *** (0.0011)	-0.0092 *** (0.0012)	-0.0122 *** (0.0012)	-0.0150 *** (0.0012)	-0.0170 *** (0.0013)

续表

	0.75	0.80	0.85	0.90	0.95
lnpop	0.2196*** (0.0269)	0.2125*** (0.0293)	0.1894*** (0.0270)	0.1849*** (0.0275)	0.2217*** (0.0580)
μ	-2.7004*** (0.1466)	-2.7365*** (0.1509)	-2.6986*** (0.1427)	-2.6555*** (0.1757)	-2.5316*** (0.2138)
μlnpop	0.2183*** (0.0235)	0.2195*** (0.0248)	0.2130*** (0.0237)	0.2026*** (0.0282)	0.1861*** (0.0358)
$d_R$lnpop	-0.0191*** (0.0013)	-0.0185*** (0.0012)	-0.0182*** (0.0017)	-0.0180*** (0.0023)	-0.0121*** (0.0031)

级城市而言，城市规模在效率低分位数的筛选效应是相似的。有趣的是，县级城市的高效厂商从城市规模增长中获得的集聚效益提升比例大于地级城市的高效厂商，这可能是因为县级市的劳动力和资本要素相对稀缺，若推动县级城市的人口和产业集聚可以显著改善其要素供给，促进集聚经济的形成，而地级及以上城市市辖区大多已经具备较大规模的产业集聚，规模增长的边际贡献相对小一些。由于集聚效应的贡献在越高分位点越明显，而城市规模对门槛效率的筛选主要表现在低分位点，见图 7 - 1，因此，低分位点的参数受城市等级影响很小，高分位点差异较大。

除城市等级以外，中国不同区域的城市发展水平也存在较大差异。东南沿海已形成在经济上具有协同和互补联系的城市体系和城市群，昆山、江阴、张家港、常熟等县级市已成为重要的制造业城市，其效率甚至超过许多中西部内陆的地级市。因此，本章进一步识别不同区域内异质性厂商筛选效应和中间投入对厂商效率分布的影响。类似地，我们在方程中引入交叉项 $d_R \ln pop$ 检验东部城市和中西部城市的差别，虚拟变量 d_R 对东部城市取 1，对中西部城市取 0。① 表 7 - 7 列出了核心变量的估计结果。与县级市和地级市的结果类似，在高分位点上中西部城市的集聚边际效应比东部城市要大，但参数差异的绝对值小于城市等级导致的差别。与表 7 - 6 结果不同的是，东部城市的效率筛选效应显著高于中西部城市。逻辑上与此一致的事实是，东部地区整体市场化程度较高，消费者对产品的多样化具有更高偏好，市场上异质产品的替代弹性增加，厂商竞争加剧，城市规模对门槛效率的筛选作用更为强烈。随着分位点升高，$d_R \ln pop$ 的参数符号由显著为正逐渐减小到显著为负，进一

---

① 东北地区样本较小，根据实际经济水平，辽宁归入东部，吉林和黑龙江划入中部。东部地区包括北京、天津、河北、山东、辽宁、上海、江苏、浙江、福建、广东、海南，中部地区包括山西、河南、安徽、江西、湖北、湖南、吉林、黑龙江，其余省区市构成西部地区。

步印证了本章理论预期的筛选效应和集聚效应的不同作用机制。在表7-6和表7-7的两组结果中，非材料中间品比例 μ 和交叉项 $\mu lnpop$ 的参数及变化模式均与表7-3相似，意味着中间产品本地市场效应的作用是稳健的。

7.5 本章小结

本章在前文工作的基础上，构建了含有中间产品的异质性厂商集聚模型，考察城市市场需求和中间产品供给对制造业企业效率及其分布的综合影响。理论分析表明，大城市能够吸引更多厂商进入，市场竞争更为激烈，高效厂商能够通过减少价格加成来扩大市场份额，而低效厂商降低价格的能力有限，被迫退出。因此，城市规模对城市门槛效率具有筛选效应。同时，大城市制造业对中间产品和服务的需求可以培育大规模的中间产品市场，导致中间产品厂商在城市中集聚，城市规模越大，中间产品价格指数越低，从而进一步促进各类制造业厂商发展。所以，城市中间产品的规模经济具有本地市场效应，大城市提供的低价中间产品有可能使一些原本效率较低的厂商具备竞争优势。本章使用2004~2007年中国县级及以上城市的工业企业数据和分位数回归模型检验了上述理论预期。实证结果显示，城市规模对0.05~0.95绝大多数效率分位点都具有显著的正向影响，并且对最低分位点的影响显著高于中等分位点，筛选效应至少相当于传统集聚外部性的80%。城市规模与厂商对非材料中间产品需求比例的交叉项在各分位点同样显著为正，该系数在0.05分位点和0.10分位点较小，而其余分位点保持稳定，结合城市规模一次项的影响，意味着大城市中间部门可能提高了低效厂商的竞争力，减弱了城市规模对本地厂商的筛选效应。使用广告支出作为中间产品的稳健性估计结果，进一步支持了城市规模对厂商效率的筛选作用。国有企业在所有分位点上受城市规模影响都较小，并且越低分位点与非国有企业的差异越明显，说明本书研究样本中的国有企业因政府的保护而规避了市场的筛选。此外，实证结果显示，地级市与县级市城市规模对门槛效率的筛选作用没有显著差异，但东部城市的筛选效应普遍更强，而资源相对缺乏的城市或地区推动产业和人口集聚的边际效益较大。

　　本章的研究结果表明，传统集聚外部性、新经济地理预期的中间产品本地市场效应和新新经济地理预期的城市规模，对异质厂商效率的内生筛选机制共同导致了大城市工业企业较高的实际生产率。以往关于城市和产业层面集聚效应的研究，在控制了要素投入后，普遍将大城市的高生产率单纯归因于集聚外部性，实则高估了集聚经济。随着欠发达地区城市化进程的推进，城市规模增长将内生地淘汰掉一部分效率较低的厂商，同时，逐渐形成规模化的中间产品部门，降低在位厂商的生产成本。中间产品规模经济的形成，以及制造业厂商与本地中间厂商关联程度的提升，会增加本地效率稍低厂商的市场竞争力，使城市制造业部门同时实现竞争性增长和包容性增长。

第8章

结　论

8.1　主要研究成果和政策含义

　　本书运用新经济地理学和新新经济地理学的方法，系统分析了城市规模对中国城市生产效率和城市异质厂商效率分布的影响机制和实际效应。城市是非农产业、劳动力和资本的地理载体，城市效率提升意味着城市产业生产率和要素报酬提升。城市规模增长，从供给和需求两方面作用于城市效率：首先，城市规模增加，意味着城市所能容纳的上下游多样化产业部门增加，更多厂商能够从下游需求和上游中间产品的规模经济中获得效益，因此，城市规模增长使得城市更具有包容性；其次，城市规模增加意味着更多同类型厂商将进入市场，使消费者易于寻找替代厂商，高效厂商因较低的价格迅速占据市场而低效厂商销售量下降甚至被迫退出，因此，城市规模增长导致城市更具有竞争性。城市规模的包容性和竞争性背后厂商的微观经济机制决定了城市的宏观效率。

依据本书的理论预期，城市生产效率在宏观上由城市规模和城市生产性服务业—制造业结构的协同作用所决定，控制了城市集聚密度的影响后，这种结构—规模协同效应仍然稳健。中国地级城市从产业结构向服务业转变中获得产出效率增长的门槛规模以市辖区总人口计约为 43 万人，以市辖区户籍非农业人口计约为 12.5 万人。未跨越门槛规模的城市无法使上下游关联的诸多产业同时实现集聚经济，服务业比例的增长不利于提高经济效率。城市规模越大，从产业结构转型中获得的效率提升越明显。随着城市规模增长，人均产出率呈倒"U"型变化的趋势，倒"U"型的顶点规模随城市生产性服务业—制造业结构比例上升而增加。平均结构比例的地级城市最佳规模，以市区总人口测度为 675 万人，以非农业户籍人口测度为 175 万人（见第 3 章），厂商数据模型估计的人口平均值为 380 万人（见第 7 章）。与城市实有人口相比，所有结果均显示中国当前大部分地级城市规模仍然偏小。但是，实证估计表明，中国一些城市的建成区人口密度却已经过高。县级城市因为工业发展普遍比较落后，没有表现出显著的结构—规模效应（第 3 章估计），但县级市的制造业厂商同样受到中间产品本地市场效应的积极作用（第 7 章证据）。

城市的集聚规模和内部集聚密度是两个相互关联却有差别的经济因素，本书的理论和实证结果表明，城市规模和城市密度对于城市生产率的作用并不是同步变化的，在控制城市密度的条件下，城市的效率—规模曲线仍然呈倒"U"型变化，而在控制城市规模的条件下，城市的效率—密度曲线却存在三个变化区间：当密度从小到大变化时，城市效率最初随之减少，至密度跨越某一门槛值后随之增加，而当密度超过其最优水平后，城市效率曲线又进入下降通道。对中国地级及以上城市的实际估计显示，中国的所有地级城市密度都处于倒"U"型变化区间，2012 年共有 60 个城市的实际密度高于其最佳密度拟合值。规模和密度对城市生产率存在正向的交互作用，一些大城市和特大城市未必达到最优密度，而一些中西部小城市受地形和气候条件限制，建设用地十分有限，其现有人口密度反而可能已经超过实际承载力。

城市生产效率在微观上由城市规模与异质厂商之间的双向选择和集聚经济共同决定。高效厂商能够通过减少价格加成来扩大市场份额，但低效厂商降低价格的能力有限，因此，竞争激烈的大城市具有更高的门槛效率，高效厂商会自发向大城市集聚以获得更多市场，而低效厂商被淘汰或者选择小城市以规避竞争。除集聚经济差别引起的厂商效率差异以外，不同规模城市和异质厂商的双向选择机制使大城市厂商效率分布相对于小城市表现出更高的左侧截尾，小城市厂商效率分布相对于大城市出现右侧截尾。对于不同规模的一系列城市而言，城市规模越大，城市中厂商的效率分布曲线的左右两侧尾部越向右偏。利用中国工业企业数据的估计结果显示，城市规模增长 10%，筛选效应使得城市的厂商门槛效率至少提高 0.3% ~ 0.6%，筛选效应至少相当于集聚经济的 1/5 ~ 2/5；高效厂商对大城市的偏好和内生选择导致了类似的变化，城市规模增加 10%，高效厂商效率增加 1.5% ~ 2.6%，所估计的效率增长是筛选效应与集聚经济的叠加。筛选效应和集聚效应的相对强弱，在不同行业间表现出明显差异，如纺织业和电气机械制造业厂商的效率分布主要受集聚经济主导，而通用设备和化学制造业厂商的效率分布只受筛选机制的影响。

进一步研究表明，城市规模所包含的下游市场需求和上游中间产品供给都对制造业企业的门槛效率存在内生筛选效应，同时，城市可容纳的中间产品部门与制造业厂商之间会形成中间产品的本地市场效应。使用中国 653 个县级及以上城市 118988 家工业企业微观数据样本的分位数回归结果显示，控制中间产品效应以后，城市规模对异质厂商低分位数效率水平的筛选效应相当于其他传统集聚外部性的 80%，中间产品与城市市场规模的综合影响表现为大城市中间部门提高了低效厂商的竞争力，减轻了城市规模对本地厂商的筛选。估计结果还表明，地级市与县级市的城市规模对门槛效率的筛选作用没有表现出显著差异，但东部城市的筛选效应普遍更强。国有企业因政府保护规避了门槛效率的限制，因此，市场竞争筛选掉了与部分低效的国有企业一样的市场化厂商，而这些低效的国有企业却不易被淘汰。

最后，高效率制造业厂商和高端生产服务业部门在大城市的集聚使得大城市能够支付更高的要素报酬，资本自发从小城市向大城市流动，导致了资本积累的空间极化效应，城市规模增加1%，人均资本存量平均增加约0.22%。新古典增长模型认为，经济增长源于资本的深化，即人均资本的增长，而本书估计结果表明城市规模通过集聚机制影响城市的人均资本，这种资本极化效应是宏观增长差异的微观来源之一。因此，中国经济发展的不平衡不仅表现为普遍关注的东南沿海与中西部内陆之间的区域梯度差距，更表现为城市之间的规模梯度差距。

根据本书的研究成果，城市规模增长意味着城市在包容性和竞争性两方面同时变化，差异化的厂商和产业既可能面对上游部门和下游市场的支持，也可能面临更多进入者的挑战，城市宏观经济政策的制定者需要综合考虑这两方面的因素，根据各个城市的实际规模、职能定位和承载能力，选择适宜的发展路径。具体而言，在城镇化背景下推进区域经济协调发展，需要在政策上关注以下方面：

第一，缩小区域经济差异，需要首先推动欠发达地区的城市规模发展。

经济欠发达地区需要同时推进人口、产业和资本的集聚，积极从发达地区的大城市承接制造业，吸收滞留在低端服务业的额外劳动力，促进制造业与生产性服务业之间的关联效应，同时，扭转新增资本从小城市向大城市"回流"的局面。在中国当前的城市体系中，地级及以上城市尤其发挥着区域经济中心的作用，这些城市的经济效率很大程度上决定着中国的总体经济效率，由于这些城市的规模普遍偏小，扩大城市规模有利于提高集聚经济效益，同时，也有利于地级市在城市体系中发挥应有的中枢和骨干作用。

第二，经济发达的大城市需要积极培育对生产性服务有更多需求的高附加值产业，向外转移标准化的、不能带来更多集聚收益的成熟产业。

发达的大城市向现代高级服务业转型不仅可以增加城市对当地异质厂商的包容性，提高自身经济效益，而且可以促进承接制造业的中小城市更快地跨越门槛规模，形成专业化分工的城市群。以往的产业政策强调产业在大区域间的承接转移，实际上更重要的是产业沿城市规模梯度的转移，产业升级和承接战略与城市规模发展战略应相互匹配。

第三，推进市场一体化，需要城市化的同步推进作为保障。

市场一体化会降低不同规模城市间的交易成本，导致各地门槛效率趋同。大城市的高效厂商进入小城市市场，使小城市不再是低效厂商的避风港；同时，区间交易成本降低还可能加剧城市规模经济带来的资本极化。因此，在推进市场一体化的过程中，引导非农产业和剩余农业人口向地级中心城市及其周边县级城镇集聚，促进现有中小城市发展，形成一批专业化的高效城市，应是当前区域发展和城镇化政策的一个重点。

第四，制订城市化政策时除了考虑人口和产业在规模上的集聚，还应当协调人口在城区内部的分布，保证适宜的城市集聚密度，避免城市空间过度扩张造成的土地资源浪费。

当前一些发达地区的大城市并未达到其既有规模下的最优密度，因此在城市发展上应当保证"人口城镇化"和"土地城镇化"的同步协调，以密集便利的街区和多中心结构降低人口长距离通勤的拥堵成本。然而，受资源条件限制、城区承载力有限的城市应及时避免过度集聚，区域规划和发展部门应引导人口和就业向承载力更强的城市转移。

8.2 未来研究展望

由于作者掌握的方法和数据资料的局限性，本书研究尚有不足之处，后续研究可以在以下三个方面拓展。

第一，本书第 3 章将城市生产性服务业—制造业结构作为一个外生变量，而根据本书第 7 章的理论模型，厂商对中间服务业可能存在内生选择。尽管城市综合数据已经融合了不同类型厂商与中间服务业的关联，但进一步的分析应探索城市服务业厂商与制造业厂商之间的微观联系。本书对生产性服务业的选择以行业层面的消耗系数为基础，测度较为宏观，存在进一步细化的空间。现有的工业企业数据库并未提供服务业厂商数据，这是拓展研究面临的重要障碍。

第二，本书第 6 章和第 7 章在估算厂商效率时剥离了随机效应，但集聚经济的长期作用仍然保留在厂商固定效率中，因此，参数估计的结果（尤其在高分位点）是筛选效应与集聚经济的叠加，只能以各分位点参数的变化来间接估计筛选效应。如果能够寻找到在第一步回归中完全剥离集聚效应的计量方法，就可以在第二步估计中更直接地体现筛选效应的作用。

第三，出于理论和数据的局限性，本书对城市经济发展的讨论限定于城市及城市厂商的产出和生产效率，但现实中城市居民和消费者的效用也是衡量城市发展水平的重要指标。相比于厂商生产率，居民效用在当前的实证研究中难以构建准确的指标，但效用是"人的城市化"的体现，值得后续深入研究。在经济因素之外，城市的环境、交通等社会因素同样值得进一步探讨。

参 考 文 献

[1] 陈建军，崔春梅，陈菁菁．集聚经济、空间连续性与企业区位选择——基于中国 265 个设区城市数据的实证研究．管理世界，2011（6）：63 - 75.

[2] 陈良文，杨开忠，沈体雁，王伟．经济集聚密度与劳动生产率差异——基于北京市微观数据的实证研究．经济学（季刊），2008（1）：99 - 114.

[3] 程大中．中国生产性服务业的水平、结构及影响——基于投入产出法的国际比较研究．经济研究，2008（1）：76 - 88.

[4] 豆建民，汪增洋．经济集聚、产业结构与城市土地产出率——基于我国 234 个地级城市 1999 - 2006 年面板数据的实证研究．财经研究，2010（10）：26 - 36.

[5] 范剑勇，邵挺．房价水平、差异化产品区位分布与城市体系．经济研究，2011（2）：87 - 99.

[6] 范剑勇．产业集聚与地区间劳动生产率差异．经济研究，2006（11）：72 - 81.

[7] 范剑勇．市场一体化、地区专业化与产业集聚趋势——兼谈对地区差距的影响．中国社会科学，2004（6）：39 - 51.

[8] 傅十和，洪俊杰．企业规模、城市规模与集聚经济——对中国制造业企业普查数据的实证分析．经济研究，2008（11）：112 - 125.

[9] 贺灿飞，潘峰华．中国城市产业增长研究：基于动态外部

性与经济转型视角. 地理研究, 2009 (3): 726–737.

[10] 简泽, 段永瑞. 企业异质性、竞争与全要素生产率的收敛. 管理世界, 2012 (8): 15–29.

[11] 柯善咨, 姚德龙. 工业集聚与城市劳动生产率的因果关系和决定因素. 数量经济技术经济研究, 2008 (12): 3–14.

[12] 柯善咨. 中国城市与区域经济增长的扩散回流与市场区效应. 经济研究, 2009 (8): 85–98.

[13] 梁琦. 分工、集聚与增长. 北京: 商务印书馆, 2009.

[14] 梁琦, 李晓萍, 简泽. 异质性企业的空间选择与地区生产率差距研究. 统计研究, 2013 (6): 51–57.

[15] 刘培林, 宋湛. 服务业和制造业企业法人绩效比较. 经济研究, 2007 (1): 89–101.

[16] 刘修岩, 殷醒民. 空间外部性与地区工资差异: 基于动态面板数据的实证研究. 经济学 (季刊), 2008 (1): 77–98.

[17] 刘修岩, 张学良. 集聚经济与企业区位选择——基于中国地级区域企业数据的实证研究. 财经研究, 2010 (11): 83–92.

[18] 陆铭, 高虹, 佐藤宏. 城市规模与包容性就业. 中国社会科学, 2012 (10): 47–66.

[19] 陆铭, 向宽虎, 陈钊. 中国的城市化和城市体系调整: 基于文献的评论. 世界经济, 2011 (6): 3–25.

[20] 陆毅, 李冬娅, 方琦璐, 陈熹. 产业集聚与企业规模——来自中国的证据. 管理世界, 2010 (8): 84–89.

[21] 乔为国, 周卫峰. 中国三次产业结构特征及解释. 数量经济技术经济研究, 2004 (11): 36–43.

[22] 沈坤荣, 马俊. 中国经济增长的"俱乐部收敛"特征及其成因研究. 经济研究, 2002 (1): 33–39.

[23] 苏红键, 赵坚. 产业专业化、职能专业化与城市经济增长——基于中国地级单位面板数据的研究. 中国工业经济, 2011

(4)：25－34.

[24] 孙浦阳，蒋为，张龑. 产品替代性与生产率分布——基于中国制造业企业数据的实证. 经济研究，2013（4）：30－42.

[25] 王小鲁，夏小林. 优化城市规模，推动经济增长. 经济研究，1999（9）：22－29.

[26] 王小鲁. 中国城市化路径与城市规模的经济学分析. 经济研究，2010（10）：20－32.

[27] 徐大丰. 我国城市的经济增长趋同吗？. 数量经济技术经济研究，2009（5）：30－41.

[28] 张军，吴桂英，张吉鹏. 中国省际物质资本存量估算：1952－2000. 经济研究，2004（10）：35－44.

[29] Aarland, K. , J. C. Davis, J. V. Henderson, Y. Ono. Spatial Organization of Firms: the Decision to Split Production and Administration. The RAND Journal of Economics, 2007（2）：480－494.

[30] Abdel-Rahman, H. When do Cities Specialize in Production?. Regional Science and Urban Economics, 1996（1）：1－22.

[31] Abdel-Rahman, H. , Alex Anas. Theories of Systems of Cities. In J. V. Henderson and J. -F. Thisse（eds.）, Handbook of Regional and Urban Economics, Vol. 4. North-Holland Press, 2004.

[32] Abdel-Rahman, H. , M. Fujita. Product Variety, Marshallian Externalities, and City Sizes. Journal of Regional Science, 1990（2）：165－183.

[33] Alonso, W. Location and Land Use: Toward a General Theory of Land Rent. Cambridge, MA: Harvard U. Press, 1964.

[34] Arimoto, Y. , K. Nakajima, T. Okazaki. Sources of Productivity Improvement in Industrial Cluster: The Case of the Prewar Japanese Silk-reeling Industry. Regional Science and Urban Economics, 2014（3）：27－41.

[35] Au, C. C., J. V. Henderson. Are Chinese Cities Too Small?. Review of Economic Studies, 2006 (3): 549 – 576.

[36] Au, C. C., J. V. Henderson. How Migration Restrictions Limit Agglomeration and Productivity in China?. Journal of Development Economics, 2006 (2): 350 – 388.

[37] Audretsch, D., M. Feldman. Knowledge Spillovers and the Geography of Innovation. In J. V. Henderson and J. -F. Thisse (eds.), Handbook of Regional and Urban Economics, Vol. 4. North-Holland Press, 2004.

[38] Baldwin, R., T. Okubo. Heterogeneous Firms, Agglomeration and Economic Geography: Spatial Selection and Sorting. Journal of Economic Geography, 2006 (3): 323 – 346.

[39] Behrens K., F. Robert-Nicoud. Agglomeration Theory with Heterogeneous Agents. In G. Duranton, J. V. Henderson, and W. Strange (eds.), Handbook of Regional and Urban Economics, Vol. 5. Amsterdam: Elsevier Press, 2015.

[40] Behrens, K., and F. Robert-Nicoud. Survival of the Fittest in Cities: Urbanisation and Inequality. Economic Journal, 2014 (581): 1371 – 1400.

[41] Behrens, K., F. Robert-Nicoud. Tempora Mutantur: in Search of A New Testament for NEG. Journal of Economic Geography, 2011 (2): 215 – 230.

[42] Behrens, K., G. Duranton, F. Robert-Nicoud. Productive Cities: Sorting, Selection and Agglomeration. Journal of Political Economy, 2014 (3): 507 – 553.

[43] Bloomfield, P., W. Steiger. Least Absolute Deviations: Theory, Applications, and Algorithms. Boston: Birkhauser Press, 1983.

[44] Brueckner, J. K., J. -F. Thisse, Y. Zenou. Why is Central

Paris Rich and Downtown Detroit Poor?: An Amenity-based Theory. European Economic Review, 1999 (1): 91 – 107.

[45] Brülhart, M. , N. A. Mathys. Sectoral Agglomeration Economies in a Panel of European Regions. Regional Science and Urban Economics, 2008 (4): 348 – 362.

[46] Capello, R. Recent Theoretical Paradigms in Urban Growth. European Planning Studies, 2013 (3): 316 – 333.

[47] Capello, R. Regional Economics. London and New York: Routledge, 2007.

[48] Capello, R. , Camagni, R. Beyond Optimal City Size: An Evaluation of Alternative Urban Growth Patterns. Urban Studies, 2000 (9): 1479 – 1496.

[49] Ciccone, A. Agglomeration-effects in Europe. European Economic Review, 2002 (2): 213 – 227.

[50] Ciccone, A. , R. E. Hall. Productivity and Density of Economic Activity. American Economic Review, 1996 (1): 54 – 70.

[51] Combes, P. , G. Duranton, L. Gobillon, D. Puga, S. Roux. The Productivity Advantage of Large Cities: Distinguishing Agglomeration from Firm Selection. Econometrica, 2012 (6): 2543 – 2594.

[52] Combes, P. -P. , G. Duranton, L. Gobillon. The Identification of Agglomeration Economies. Journal of Economic Geography, 2011 (2): 253 – 266.

[53] Combes, P. -P. , T. Mayer, J. -F. Thisse. Economic Geography: The Integration of Regions and Nations. Princeton: Princeton University Press, 2008.

[54] Compton, J. , R. A. Pollak. Why Are Power Couples Increasingly Concentrated in Large Metropolitan Areas? . Journal of Labor Economics, 2007 (3): 475 – 512.

[55] Costa, D. L. , M. E. Kahn. Power Couples: Changes in the Locational Choice of the College Educated, 1940 – 1990. Quarterly Journal of Economics, 2000 (4): 1287 – 1315.

[56] Desmet, K. , E. Rossi-Hansberg. Urban Accounting and Welfare. American Economic Review, 2013 (6): 2296 – 2327.

[57] Dixit, A. K. , J. E. Stiglitz. Monopolistic Competition and Optimum Product Diversity. American Economic Review, 1977 (3): 297 – 308.

[58] Dumais, G. , G. Ellison, E. Glaeser. Geographic Concentration as a Dynamic Process. Review of Economics and Statistics, 2002 (2): 193 – 204.

[59] Duranton, G. , D. Puga. Diversity and Specialisation in Cities: Why, Where and When Does it Matter? . Urban Studies, 2000 (3): 533 – 555.

[60] Duranton, G. , D. Puga. From Sectoral to Functional Urban Specialization. Journal of Urban Economics, 2005 (2): 343 – 370.

[61] Duranton, G. , D. Puga. Micro-Foundations of Urban Agglomeration Economies. In J. V. Henderson and J. -F. Thisse (eds.), Handbook of Regional and Urban Economics, Vol. 4. North-Holland Press, 2004.

[62] Duranton, G. , D. Puga. Nursery Cities: Urban Diversity, Process Innovation, and the Life Cycle of Products. American Economic Review, 2001 (5): 1454 – 1477.

[63] Ellison, G. , D. Fudenberg. Knife-edge or Plateau: When do Market Models Tip? . Quarterly Journal of Economics, 2003 (4): 1249 – 1278.

[64] Feldman, M. , D. Audretsch. Innovation in Cities: Science-based Diversity, Specialization and Localized Competition. European

Economic Review, 1999 (2): 409 - 429.

[65] Fujita, M. Urban Economic Theory: Land Use and City Size. Cambridge University Press, 1989.

[66] Fujita, M. , J. -F. Thisse. Economics of Agglomeration: Cities, Industrial Location, and Regional Growth. Cambridge: Cambridge University Press, 2002.

[67] Fujita, M. , N. Hamaguchi. Intermediate Goods and the Spatial Structure of an Economy. Regional Science and Urban Economics, 2001 (1): 79 - 109.

[68] Fujita, M. , P. Krugman, A. Venables. The Spatial Economy: Cities, Regions, and International Trade. Cambridge: MIT Press, 1999.

[69] Glaeser, E. Are Cities Dying? . Journal of Economic Perspectives, 1998 (2): 159 - 160.

[70] Glaeser, E. L. Learning in Cities. Journal of Urban Economics, 1999 (2): 254 - 277.

[71] Glaeser, E. Triumph of the City. London: Macmillan Press, 2011.

[72] Glaeser, E. , H. D. Kallal, J. A. Scheinkman, A. Shleifer. Growth in Cities. Journal of Political Economy, 1992 (6): 1126 - 1152.

[73] Greunz, L. Industrial Structure and Innovation-Evidence from European Regions. Journal of Evolutionary Economics, 2004 (5): 563 - 592.

[74] Hanson, G. Scale Economies and the Geographic Concentration of Industry. Journal of Economic Geography, 2001 (3): 255 - 276.

[75] Helpman, E. The Size of Regions. In D. Pines, E. Sadka,

and I. Zilcha (eds.), Topics in Public Economics: Theoretical and Applied Analysis. Cambridge: Cambridge University Press, 1998.

[76] Helsley, R. W., W. C. Strange. Matching and Agglomeration Economies in A System of Cities. Regional Science and Urban Economics, 1990 (2): 189 – 212.

[77] Henderson, J. V. Efficiency of Resource Usage and City Size. Journal of Urban Economics, 1986 (1): 47 – 70.

[78] Henderson, J. V. Externalities and Industrial Development. Journal of Urban Economics, 1997 (3): 449 – 470.

[79] Henderson, J. V. Medium Size Cities. Regional Science and Urban Economics, 1997 (6): 583 – 612.

[80] Henderson, J. V. The Size and Types of Cities. American Economic Review, 1974 (4): 640 – 656.

[81] Henderson, J. V. Urbanization in China: Policy Issues and Options. Working Paper, Brown University and NBER, 2009.

[82] Henderson, J. V., A. Kuncoro, M. Turner. Industrial Development in Cities. Journal of Political Economy, 1995 (5): 1067 – 1090.

[83] Hirschman, A. The Strategy of Economic Development. New Haven: Yale University Press, 1958.

[84] Holmes. T., J. Stevens. Geographic Concentration and Establishment Scale. Review of Economics and Statistics, 2002 (4): 682 – 690.

[85] Jacobs, J. Cities and the Wealth of Nations. New York: Random House, 1984.

[86] Jacobs, J. The Economy of Cities. New York: Random House, 1969.

[87] Jefferson, G., I. Singhe. Enterprise Reform in China: Own-

ership Transition and Performance. New York: Oxford University Press, 1999.

[88] Kanemoto, Y. , T. Ohkawara, T. , Suzuki. Agglomeration Economies and a Test for Optimal City Sizes in Japan. Journal of the Japanese and International Economies, 1996 (4): 379 - 398.

[89] Ke, Shanzi, Ming He, Chenhua Yuan. Synergy and Co-agglomeration of Producer Services and Manufacturing: A Panel Data Analysis of Chinese Cities. Regional Studies, 2014 (11): 1829 - 1841.

[90] Ke, Shanzi. Agglomeration, Productivity, and Spatial Spillovers across Chinese Cities. The Annals of Regional Science, 2010 (1): 157 - 179.

[91] Koenker, R. , G. Bassett. Regression Quantiles. Econometrica, 1978 (1): 33 - 50.

[92] Kolko, J. Can I Get Some Service Here? Information Technologies, Service Industries and the Future of Cities. Working Paper, 1999.

[93] Krugman, P. Geography and Trade. Cambridge, Mass. : MIT Press, 1991.

[94] Krugman, P. Increasing Returns and Economic Geography. Journal of Political Economy, 1991 (3): 483 - 499.

[95] Krugman, P. Urban Concentration: The Role of Increasing Returns and Transport Costs. International Regional Science Review, 1996 (4): 5 - 30.

[96] Krugman, P. , A. J. Venables. Globalization and the Inequality of Nations. Quarterly Journal of Economics, 1995 (4): 857 - 880.

[97] Lucas, R. E. On the Mechanics of Economic Development. Journal of Monetary Economics, 1988 (1): 3 - 42.

[98] Malizia, E. , Shanzi Ke. The Influence of Economic Diversity on Unemployment and Stability. Journal of Regional Science, 1993 (2): 221 –235.

[99] Marshall, A. Principles of Economics. London: Macmillan Press, 1890.

[100] Martin, P. , C. Rogers. Industrial location and public infrastructure. Journal of International Economics, 1995 (3): 335 –351.

[101] Melitz, M. J. The Impact of Trade on Intra-Industry Reallocations and Aggregate Industry Productivity. Econometrica, 2003 (6): 1695 –1725.

[102] Melitz, M. J. , G. Ottaviano. Market Size, Trade, and Productivity. Review of Economic Studies, 2008 (1): 295 –316.

[103] Mills, E. S. An Aggregative Model of Resource Allocation in a Metropolitan Area. American Economic Review, 1967 (2): 197 – 210.

[104] Mills, E. S. Urban Economics. Glenview: Scott Foresman and Co, 1972.

[105] Mun, S. , B. G. Hutchinson. Empirical Analysis of Office Rent and Agglomeration Economies: A Case Study of Toronto. Journal of Regional Science, 1995 (3): 437 –455.

[106] Muth, R. Cities and Housing. Chicago: University of Chicago Press, 1969.

[107] Nocke, V. A Gap for Me: Entrepreneurs and Entry. Journal of the European Economic Association, 2006 (5): 929 –956.

[108] O'Sullivan, A. Urban Economics, 8th edition. McGraw-Hill Press, 2012.

[109] Ottaviano, G. "New" New Economic Geography: Firm Heterogeneity and Agglomeration Economies. Journal of Economic Geog-

raphy, 2011 (2): 231 - 240.

[110] Ottaviano, G. , T. Tabuchi, J. -F. Thisse. Agglomeration and Trade Revisited. International Economic Review, 2002 (2): 409 - 435.

[111] Porter, M. Clusters and the New Economics of Competition. Harvard Business Review, 1998 (6): 77 - 90.

[112] Puga, D. The Magnitude and Causes of Agglomeration Economies. Journal of Regional Science, 2010 (1): 203 - 219.

[113] Puga, D. The Rise and Fall of Regional Inequalities. European Economic Review, 1999 (2): 303 - 334.

[114] Richardson, H. W. Optimality in City Size, Systems of Cities and Urban Policy: a Sceptic's View. Urban Studies, 1972 (1): 29 - 48.

[115] Rosenthal, S. , Strange W. Evidence on the Nature and Sources of Agglomeration Economics. In J. V. Henderson and J. -F. Thisse (eds.), Handbook of Regional and Urban Economics, Vol. 4. North-Holland Press, 2004.

[116] Rosenthal, S. , Strange W. Geography, Industrial Organization and Agglomeration. Review of Economics and Statistics, 2003 (2): 377 - 393.

[117] Rosenthal, S. , Strange W. The Determinants of Agglomeration. Journal of Urban Economics, 2001 (2): 191 - 229.

[118] Samuelson, P. The Transfer Problem and Transport Costs: The Terms of Trade When Impediments Are Absent. Economic Journal, 1952 (246): 278 - 304.

[119] Samuelson, P. Thünen at Two Hundred. Journal of Economic Literature, 1983 (4): 1468 - 1488.

[120] Solow, R. A Contribution to the Theory of Economic Growth.

Quarterly Journal of Economics, 1956 (1): 65 –94.

[121] Syverson, C. Market Structure and Productivity: A Concrete Example. Journal of Political Economy, 2004 (6): 1181 –1222.

[122] Venables, A. J. Equilibrium Locations of Vertically Linked Industries. International Economic Review, 1996 (2): 341 –359.

[123] Venables, A. J. Labor Sorting by Cities: Partnerships, Self-selection, and Agglomeration. Working Paper, processed London School of Economics, 2002.

[124] Von Thünen. Der isolierte staat in beziehung auf landwirtschaft und nationalokonomie. Hamburg Press, 1826.

[125] Wheaton, W. Monocentric Models of Urban Land Use: Contributions and Criticisms. In Mieszkowski, P. and M. Straszheim (eds.), Current Issues in Urban Economics. London: The Johns Hopkins University Press, 1979.

后　记

　　时光荏苒，不觉间来中南财经政法大学工作已是一年半的时光。当然，于我而言，所谓步入职场不过是从一座象牙塔来到另一座象牙塔，然后置换了教师与学生的身份——虽然走下课堂、漫步校园时，仍然会被路人以"同学"称呼。

　　两个月前，我作为学术指导教师参加了贸易经济专业的本科新生见面会，思绪不免回到1999年和2005年，自己第一次在雅礼中学的校园和湖南大学的校园中聆听教诲时的心境，是何种模样？雅礼中学110岁的庆典日里，我遇到了初中班主任，老师已退休数年，但依然把我毕业时送的两个小饰品收藏在家。而此时，我的书桌一角也放着高中时一位老师所赠"一帆风顺"的小相框。师生之谊，源于知识的传递，却是润物细无声，终身不忘。选择教学者与研究者之路，意味着不断积淀、创造和传授，在生命中积攒下足够多的云彩，到了"只是近黄昏"的年纪去收获一片美好的夕阳。

　　这本以中国城市经济为主题的小书，是我攻读并完成博士学位至今一些研究成果的文字总结，也算是自己收获到的一朵云彩。书稿的顺利完成，得益于诸多师长亲友的支持。首先，我必须感谢在硕士和博士期间，一直对我倾心指导的恩师柯善咨教授。柯教授深厚的学术功底、严谨的科研态度、务实的工作作风、儒雅的举止风度，足够我一生学习。无论是研讨交流还是潜移默化，柯老师始终帮助和推动我在学术道路上行稳走好。大至概念框架，小至名词术语，一点一滴，积攒在长长短短的往来邮件中，已不可胜数。

感谢我的父亲和母亲一直在我背后默默地付出，自读大学以来，我似乎不常和他们分享自己的心情和想法，但他们始终关心和包容着我，从未给过我压力。我很幸运地生长在一个带着知识分子气息的家庭，和睦、温暖、崇尚教育，还记得小时候半懂不懂地翻看父亲书柜里的大学教材时，那童真好奇的心情，或许，我的人生轨迹早在那时起就已开始向学术的世界趋近。

在博士毕业之前，武汉与我的生活并未有过任何交集，我能够迅速融入这座陌生的城市，离不开学校和学院各位领导和同事的关心和帮助。经济贸易系主任钱学锋教授在科研和教学上为我们年轻人树立了榜样，并一直为我们创造良好的团队氛围，在我的心目中，钱教授亦师亦友。系里的两位资深教师张建民教授和黄汉民教授曾多次与我谈心，给予我指点和鼓励。贸易经济教研室的黄漫宇教授、郭守亭教授、吴振球教授、张伟年副教授、张传杰老师和胡宗彪老师都是我工作上的前辈，也在生活中对我关照颇多。田云、田博文、吕飞、祁毓、吴卫华、杨国超等许多一同入职的同事们已成好友，初来时我们一起"约饭"的日子难以忘怀。还有陈呈、田鹍、张寅、周旺发、陈思聪、曹勇等在各个时期结识的挚友，如今虽然大家都在不同的岗位书写人生，但相互之间需要帮助时，我们并无距离。

本书的研究得到了中南财经政法大学工商管理学院经济贸易系经贸系列文库建设项目、国家自然科学基金资助项目《异质性框架下的城市网络体系与空间资源配置：理论、机制和中国经验》（批准号：71603282）的资助。经济贸易系宋伟良副教授和经济科学出版社王柳松老师为本书的出版和编辑付出了大量时间，感谢两位的细致工作。

钱钟书先生曾说："假使人生是一部大书，那么……就是写过的边上也还留下好多空白"。在这篇写在学术边上的后记落笔处，勉励自己未来不断进取、以真理为友，努力在学术的大书上留下自己的一页。

赵 曜

2016 年 10 月于晓南湖畔